河南古代壁画馆壁画品鉴

洛阳古代艺术博物馆
河南古代壁画馆 编

中州古籍出版社

编委会名单

主　　编：朱世伟　徐婵菲

副 主 编：徐建华　韩彦刚　杨　蕊　周　辉　孙章峰

编　　委：段跃辉　吴　迪　李　波　丁永俊　郭开红
　　　　　余黎星　杜灵芝　宫万松　苏东黎　张　莹
　　　　　戚雪娟　李丽霞　刘荣军　王丽红

特约编委：姜彦文　徐呈瑞

序

"洛阳古墓博物馆""洛阳古代艺术博物馆""河南古代壁画馆",是原洛阳古墓博物馆不同时期三个不同的称谓,亦表明了洛阳古墓博物馆不同时期的发展与变化。

称作"洛阳古墓博物馆",是因为在这里复原了20余座在洛阳发现的从汉至宋时期的古代墓葬。这实在应该算是一个创举,要把发掘过的砖室墓和土洞墓从一个地方搬迁到另外一个地方,在20世纪80年代应该算是很难的一件事,并且大致能够做到"复旧如旧"。因此,在古墓博物馆建成并对外开放之初,前来参观的人车水马龙,络绎不绝,在洛阳甚至中原地区很是热闹了一阵子。

慢慢地这种热闹的局面有些减退,因为不管怎么说,参观这20余座古代墓葬还是很费些力气的,弯腰弓背出来进去在一个狭小的"历史空间"里,不免让人有些心惊胆战。因为这毕竟是埋人的地方,再加上非专业人员很难看懂这些历史上的人们死后的神秘场景,再慢慢地,洛阳古墓博物馆从开始的人流如织到"门前冷落"。人们在寻找造成这种局面的原因,很容易就联系到"古墓博物馆""墓",因为这毕竟是死者的归宿,是生者最畏惧的地方。因此,就有人提议把"洛阳古墓博物馆"改成"洛阳古代艺术博物馆",企图通过名字的改变唤回昔日那热闹的情景。

"洛阳古代艺术博物馆",应该是一个非常好听的名字。古人视死如生,把这最后的归宿看的极为重要。不仅把生前最基本的生活用品埋进墓里,而且把生前最喜爱的一些如书籍、字画、文房四宝等等,一同埋了进去,陪同死者去度过那寂静的时光,并且不同的历史时期,这些个"死后的场景"在不断地变化着,一座特定历史时期的墓葬是研究这个特定历史时期的政治、经济、文化最为直接的第一手资料,亦是当今考古学研究最为重要的证据。当然也成为科技含量最高的、难度最大的考古学研究对象。因此,称其为"古代艺术博物馆"也算符合实际。

美好的愿望并没有得到如愿的实现。名字的变换并没有唤回昔日的辉煌场面,只有"洛阳古代艺术博物馆"的职工们仍在一丝不苟地守护着那些古代人"死后的家园"。他们最清楚这个单位的问题所在,他们要靠自己的劳动与汗水去争取尊重,而这一点他们实现了,"河南古代壁画馆",就是他们自己为他们单位争取的第三个名字。

这个名字是名副其实的,其实更进一步说应该是他们的骄傲。

"洛阳古墓博物馆"在建馆之初曾保护了一大批历代墓葬壁画,壁画的保护是一件极为困难的事,至今仍是考古学界重要的研究课题。对这里的同志们来说,其艰难程度不言而喻,因为,由于历史的原因,古代艺术博物馆大多数职工没有学过文物保护的专门知识,再加上所要保护的对象又是目前文物科技保护方面高难度的对象,其困难可想而知。

然而古墓博物馆的老职工,古代艺术博物馆的新职工,他(她)们没有退却,他(她)们要靠自己顽强的毅力去攻克文物科技保护的难关,最后当然是成功了!这是很让人感动的一件事。我们不太清楚当初他们要保护这些墓葬壁画的真实想法,只是清楚地记得当时在复原一座汉墓时,把那些壁画也搬进了墓里,由于保护不妥,壁画受到了上部填土中渗水物质的破坏,几乎面目全非,并成为每次上级检查工作时的批评对象。大概是那些个批评刺激了他(她)们,下决心要学会壁画保护技术,一大批十分优秀的壁画保护人才就这样出现在洛阳古代艺术博物馆。据说,在全国范围内真正能上手做壁画保护的,这里是人数最多的,他们凭借自己的努力在文物科技保护领域占有了一席之地,一大批古墓壁画在他们手里得到了很好的保护。国家文物局给他们颁发了四个国家甲级一级文物保护资质证书,国家文物局领导在考察了他们的文物保护条件后拨专款让其购买专门的保护设备。他们不断地参与着国家的文物保护项目，如重庆大足石刻的千手观音、新疆龟兹石窟壁画、深圳凤凰古村茅山公家塾壁画、河南济源明墓壁画的搬迁保护等等，他们不仅为洛阳、为河南文物科技保护争取了荣誉，填补了空白，亦拓宽了本单位文物保护及工作内容。古代艺术博物馆正酝酿着新的发展，我们期待着这里有新的变化、新的进步。

  辛勤的劳动换得了丰硕的成果，艰难的经历有着更多更深的体会。他们把自己的体会结集成书出版，应该是很值得一读的。是为序。

郭引强

2014 年 7 月

目 录

上篇 壁画篇

汉墓壁画中的升仙图 …………………………………… 徐婵菲(3)

汉墓壁画中的辟邪图——驱傩 ………………………… 杜灵芝(5)

汉墓壁画中的伏羲女娲 ………………………………… 李 萌(7)

两个女娲——"美术史"的登场 ………………………… 姜彦文(9)

卜千秋汉墓壁画的笔法——艺术的旨趣 ……………… 姜彦文(11)

浅井头汉墓壁画的两种样式 …………………………… 姜彦文(13)

汉墓壁画中的日月 ……………………………………… 郭军虹(15)

汉墓壁画中的西王母 …………………………………… 徐婵菲(17)

天界之门——天门 ……………………………………… 吴小苗(19)

汉墓壁画中的龙 ………………………………………… 吴 迪(21)

汉墓壁画中的凤鸟 ……………………………………… 李丽霞(23)

北方之神——玄武 ……………………………… 吴 迪 朱志娟(25)

汉墓壁画中的羽人 ……………………………………… 李 波(27)

仙人王子乔 ……………………………………………… 郭开红(29)

神虎吃旱魃 ……………………………………………… 郭开红(31)

汉墓壁画中的蟾蜍 ……………………………… 程伟忠 吴 迪(33)

黄蛇邪？黄龙	吴 迪 余晓冬	(35)
驱傩宴飨图	李广泽	(37)
汉墓壁画中的"山"	姜彦文	(39)
二桃杀三士	李广泽	(41)
孔子见老子	刘荣军	(43)
"八里台"汉墓壁画中的动物形象	徐呈瑞	(45)
美术史中的"迎宾拜谒图"	姜彦文	(47)
六博图	段跃辉	(49)
新莽墓中的宴乐图和庖厨图	段跃辉	(51)
车辚辚 马萧萧——东汉出行图	段跃辉	(55)
二龙穿璧	吴小苗	(57)
汉墓壁画中的"刀光剑影"	崔启龙	(59)
清谈家的风流雅器——麈尾及其用途	朱海燕	(61)
话说帷幄	宫万松	(63)
古人生活中的案	李 萌 宫万松	(65)
北魏元怿墓武士图	郭开红	(67)
北魏元乂壁画墓	白隆升	(69)
唐墓壁画中的驼马出行图	徐婵菲	(71)
唐代胡人牵驼驮丝绸壁画	杨 蕊	(73)
安能辨我是雌雄	丁永俊	(75)
唐墓壁画中的侏儒	戚雪娟	(77)
沿袭千年的幞头	丁永俊	(79)
唐墓壁画中的胡瓶	张 莹 张新宇	(81)
唐墓壁画中的弓韬	苏东黎	(83)

唐墓壁画中女子的面妆	丁永俊(85)
唐墓壁画中的花鸟图	程沛岩(87)
唐宋墓葬壁画中的叉手礼	石红兵(89)
富弼墓中的守门武士	丁永俊(91)
宋墓中的妇女启门图	郭开红(93)
宋墓中的开芳宴	段跃辉(95)
宋墓中的杂剧图	段跃辉(97)
宋墓中的牡丹图	郭开红(99)
源于少数民族的兵器——骨朵	韩彦刚 吴 迪(101)
宋金墓中的花枝童子图	郭开红(103)
二十四孝故事之一	杨 蕊(105)
二十四孝故事之二	杨 蕊(109)
二十四孝故事之三	杨 蕊(113)
二十四孝故事之四	杨 蕊(116)
二十四孝故事之五	杨 蕊(119)
二十四孝故事之六	杨 蕊(122)
清代五蝠图	薛 峰(125)
民国时期福禄寿三星壁画	徐婵菲(127)

下篇　保护篇

古代壁画的制作工艺	余黎星(131)
中国古代绘画颜料	吴小苗(133)
墓葬壁画的揭取	戚雪娟(135)
墓葬壁画的修复	戚雪娟(137)

古代墓葬壁画病害种类 …………………… 杜灵芝　梁晶晶（139）
壁画上钙质结垢物的去除 …………………………… 丁永俊（141）
壁画表面霉斑的清理 ………………………………… 余黎星（143）
壁画修复工艺中的重要环节——拼图 ……………… 丁永俊（145）
壁画的补色方法——影线法 ………………………… 薛　峰（147）
古代壁画的起稿线 …………………………………… 丁永俊（149）
壁画的修复档案 ……………………………………… 黄　静（151）
壁画修复中的病害图绘制 …………………………… 戚　因（153）
洋为中用——文化视角下的壁画修复工具 ………… 杨超鹏（155）

后记 ……………………………………………………………… 157

上篇 壁画篇

汉墓壁画中的升仙图

在汉墓壁画中,升仙、辟邪是表现最多的一类题材,这和风靡于汉代社会的神仙思想有极大的关系。

秦汉时期是中国历史上神仙思想最兴盛的时代,在两位神仙思想最忠实的信徒和践行者——秦始皇、汉武帝的推动下,举国上下弥漫着浓厚的求仙风气。史书记载,这两位帝王任用方士,挥金如土,急不可待地命令方士们为他们寻求长生不老、羽化登仙的方法与途径。方士们为博取帝王的信任和金钱,非常卖力地编造出招来神仙的方法和包括仙人神兽在内的神仙谱系及仙界景象。但是,长生不老的梦想最终成为泡影,秦始皇、汉武帝和那些同样抱有成仙梦想的人们还是带着极大地遗憾离开了他们万分眷恋的花花世界。为自圆其说,方士们编造出死后灵魂升仙的说法,宣称把辟邪、升仙的图画画在墓里,就能实现灵魂升仙的愿望。这就是人们在汉墓中看到

图1　西汉卜千秋墓夫妇乘蛇、乘凤升仙图

许多与升仙、辟邪有关的画像的原因。

洛阳有七座汉代壁画墓中绘有升仙壁画。从这些壁画中，我们不仅看到了两汉之际人们代代相因、锲而不舍的"追仙"梦想，看到了汉代人想象出来的奇异瑰丽的神仙世界，还看到了灵魂升仙的奇妙方式。

图2 洛阳市烧沟西汉壁画墓墓主乘龙升仙图

仔细观察这些时间相隔百年的升仙壁画，会发现它们有许多共同点：第一，都绘在表示天空的墓顶部位（个别的绘在墓壁的最上部）；第二，升仙图中伏羲、女娲、日、月四神是必不可少的形象；第三，画面中都有象征天上的云气纹。当然，它们也有一些不同之处，主要表现在壁画内容的繁简方面，比如，有的墓中画出了升仙的墓主人（图1）；有的墓中画出的神人、神兽数量多些，如西汉卜千秋墓壁画中画出了仙人王子乔、羽人、西王母，浅井头墓中画出二龙穿璧，洛阳北郊东汉墓画出了神龙、仙鹿驾车等。

最有意思的是壁画中表现的墓主灵魂升仙的方式，有的骑龙（图2），有的乘蛇，有的驾凤，有的坐在神龙、仙鹿驾驶的没有车轮的车上，最令人称奇的是，还有驾云的，这比明代吴承恩想象的孙悟空驾筋斗云去天上的凌霄宝殿要早一千五百多年。

看到汉代人想象出来的灵魂归宿地，谁还会惧怕死亡呢？

（徐婵菲）

汉墓壁画中的辟邪图

——驱傩

这是一幅令人眼花缭乱的壁画,出土于洛阳烧沟 61 号西汉壁画墓中。

画面由三块特制的壁画砖拼成,中间一块是长方形砖,两边各是一块三角形砖。壁画的制作方式有些特别,是先镂雕出物象的轮廓,然后再绘画。壁画上共刻画出二十四个物象。中间砖的下部是神人、伏羲、女娲、日、月,左右两边是白虎、青龙,上部中间是朱雀,朱雀两边是赤豹和蟾蜍,在神人上部、朱雀下部是一头熊和一个人;两边的三角形砖刻画的内容一样,有两个人物(一人手中握刀)、一匹马、一头熊、一只鹿、一块玉璧。画面中人物、动物从其形态看,处于一种剧烈的运动状态。据考证,这幅壁画表现的是汉代非常盛行的一种辟邪仪式——驱傩。

驱傩是一种非常古老的宗教活动,以驱除病疫、鬼怪为主要目的,简单地说就是把各种对人类有危害的鬼怪赶跑。由史书记载可知,驱傩最大的特征是所有参加这项活动的人员要穿上兽皮,戴上面具,手拿武器。带领大家进行驱傩活动的首领名叫方相氏,他的装扮与众不同,他穿着熊皮,头戴有四只眼睛的金色面具,一手执戈,一手拿盾。其他的人在方相氏的带领下,手挥武器,奔走跳跃,嘴里大声吆喝着吓鬼、驱鬼的咒语。在汉代,驱傩活动很盛行,每年腊月朝廷都会举行驱傩活动,有时皇帝还会亲临现场观看。

洛阳市烧沟西汉壁画墓驱傩图

驱傩是丧葬仪式中不可缺少的一个重要环节。渴望死后能够升仙的汉代人认为,世界上存在着各种鬼怪,墓室中也不例外,墓中的鬼怪会妨碍墓主升仙。葬礼中如果缺少驱傩这项仪式,想实现升仙的愿望是万万不能的!所以,必须将鬼怪驱赶出去。驱赶方式是在棺椁放入墓室之前,先派几个人按照上面描述的那样装扮起来,手拿武器到墓室中用狂呼狂舞的方式将那些邪恶的鬼怪驱逐出墓室。为了阻止鬼怪再回来,就把镇墓辟邪的物品或图画放在墓中。

人们看到的这幅壁画正是描绘驱傩这一环节的。中间砖下部的神人就是方相氏,三角砖上的穿着兽皮的人是参加驱傩的人员,其他的形象如伏羲、女娲、青龙、白虎等都是具有驱凶、避邪并拥有神性的神人神兽,是为驱傩壮大声势的。驱傩之后,墓主人的灵魂就可以顺利地升入那美妙无比的天国仙境了。

驱傩,只是汉代诸多辟邪方式中的一种,其他的还有许多种,如青龙、白虎、神荼、郁垒等神兽画像和镇墓的画符、文字、弓箭等,都具有辟邪的功能。

(杜灵芝)

汉墓壁画中的伏羲女娲

图1　西汉卜千秋墓中的伏羲

伏羲、女娲，对中国人来说一定不陌生，他们是距今至少有七八千年以前的上古时期的帝王，有关他们的神话传说，从古到今一直流传着。比如，女娲炼石补天、抟土造人、创造乐器，伏羲发明八卦、创造历法、教导民众编织渔网捕鱼、制造长矛狩猎、驯服家畜等。从这些传说中人们知道，伏羲女娲不仅制造了人类，而且还教会人类生存、生活的本领，他们的贡献简直太大了，所以人们对他们敬若神明，尊奉他们为中华民族的始祖。

想知道伏羲女娲长得什么样吗？别以为这是不可能的事！因为：第一，许多古代文献记载了伏羲女娲的相貌，说他们是"人首蛇身"；第二，现代考古工作发现许多保存在地下古墓中的、可以确定是伏羲女娲的画像，这些画像让今天的人们能够目睹伏羲女娲的神采。

在洛阳发现的几座汉代壁画墓中发现了伏羲女娲的画像（如图1、2、3）。这些画像上身是人的形象，下身是一条长长的像蛇一

图2　洛阳市浅井头西汉墓中的女娲

样的尾巴,与史书记载十分吻合。

那么,古人为什么要把自己的祖先想象成人首蛇身的样子?并且把他们画在墓中呢?

传说伏羲、女娲姓"风",他们原是兄妹,生活在一个特别崇拜蛇的部族中。这个部族的人们认为他们的祖先是由蛇变化来的,相信蛇具有超自然的能力,能够保护他们,免受各种生物的伤害。后来,发生了一场巨大的洪水灾难,世界上只剩下伏羲、女娲兄妹二人。为使人类能够繁衍下去,伏羲与女娲结为夫妻。后来所有的人都是伏羲、女娲的后代,都尊奉伏羲、女娲为祖先。理所当然,他们也认为自己是蛇的后代。所以,在给伏羲、女娲画像时就把他们想象成半人半蛇的样子了。

图3　新安县磁涧西汉墓中的女娲

就像后世人们贴门神心理一样,古人认为,伏羲、女娲是具有无边神力的祖先神,将他们的画像画在墓里,自然会保护墓主人不受地下魑魅魍魉侵扰,同时,还能引导墓主的灵魂飞升到天国仙界。

(李　萌)

两个女娲

——"美术史"的登场

在观看墓葬壁画的时候,总会不时的想到一些问题,比如:人们看到的作品是墓葬壁画中最好的吗?这些画师或工匠的作品能够代表汉代艺术吗?该如何观看墓葬壁画呢?

为了方便讨论,我们把考察的目标缩小,并锁定在洛阳西汉墓葬壁画中的两个女娲形象上。其一选自卜千秋壁画墓,其二选自新安县磁涧里河村壁画墓。可以比较的基础是:二者形象基本相似,均出自河南洛阳,都是西汉时代,且均位于室顶的平脊砖上。

先看卜千秋汉墓壁画中的女娲形象(图1)。该墓于1976年6月发现于洛阳市邙山南麓烧沟村之西,年代为西汉昭帝至宣帝时期(公元前86年—公元前49年)。壁画绘于主室前壁上额、墓顶平脊和后壁三个部位,以墓顶平脊上由多块空心砖拼成的"升仙图"为最著名。其中"女娲"形象是升仙图的一部分,位于脊顶壁画的东端。"女娲"为人首蛇身状,其左右饰有流云,面对一"月",月中绘有蟾蜍和桂树。

磁涧里河村西汉壁画墓,2000年出土于洛阳市新安县磁涧镇里河村。该墓因遭盗掘被毁坏,仅收回部分绘有壁画的空心砖。学者推断,这些空心砖上的壁画同样来自墓室顶部的平脊砖,其内容、构图及画法均与卜千秋汉墓壁画十分相似。其中的"女娲"是大约相同的形象,人首蛇身(图2),也面对"月",月中同样绘有蟾蜍和桂树。略有不同的是,"里河村女娲"身边的流云不见了,而月中则增加了玉兔的形象。

图1　卜千秋墓中的女娲

图2　里河村墓中的女娲

将二者上半身的形象放到一起，如果仅仅是描述画面形象，其实看不出太大差别。而放到美术史中，用"艺术性"的尺子进行考量，则呈现出较大的差异。甚至可以说，高下立判。"卜千秋女娲"的作者具有高超的绘画技艺，用笔流畅，线条简劲而富有弹性，并注意了线条的粗细、叠压、提按等不同笔法，极富表现力。其整体的形象塑造也很成功，甚至被认为"姣好美丽"。相形之下，"里河村女娲"的绘画技巧就相差很多，用线略显僵硬和笨拙，缺少变化，造型单调、平板，更谈不上什么性格塑造，艺术价值明显较低。当然，这丝毫不会影响这件作品在其他方面的学术意义。

基于此，笔者尝试回答本文开头所提出的问题。从美术史的角度看，那些考古发现的墓葬壁画为人们提供了一个真实而准确的汉代绘画实迹。但由于种种复杂的历史原因以及考古发现的特殊性，人们所能看到的墓葬壁画不一定是汉代艺术中最好的作品。而且不同时代，不同墓葬，不同画工的作品，所展现出的艺术价值不尽相同。对于如何观看，笔者的意见是，在考古学与历史学描述宣布结束的时候，正是"美术史"登场的时候。

（姜彦文）

卜千秋汉墓壁画的笔法

——艺术的旨趣

1976年6月,在距离"烧沟61号西汉壁画墓"约一公里的邙山南麓,发现了一座西汉壁画墓。因为在墓中清理出铜质印章一枚,上面阴刻篆书"卜千秋印"四字,所以一般称此墓为"卜千秋墓"。年代为西汉中期稍后,略早于"烧沟壁画墓"。

壁画分别画在主室前壁上额、墓顶平脊和后壁三个部位。绘画之前,先涂一层白粉,然后着墨上彩。墓顶平脊的脊砖边上刻有编号,连在一起拼成了一幅"升仙图"。此图描绘了天堂的景象和男、女墓主人在持节方士的引导下,在仙禽神兽的护卫下,乘仙鸟和龙舟升仙的情景。

有专家认为,这是西汉壁画艺术异常难得的标本,就艺术水平而言,要超过"烧沟汉墓壁画",而与"八里台汉墓壁画"有异曲同工之妙。下面从笔法的角度,简要分析如下。

概而观之,此图以用线为主、赋色为辅,运笔流畅、飞动,线条浑厚、简劲,可以见到轻重、疾徐、虚实、提按的不同笔法,极富韵律与表现力。其中"伏羲"、"女娲"、"朱雀"、"白虎"及"云气"等形象的塑造均非常出色。比如"伏羲"的用笔就极为概括而简练,迅捷而凌厉。尤其值得一提的是,通过复杂多变的笔法,打破了形象的平面感,很好地表现了画面的结构与空间关系。再看"白虎"的线条,尤其是对"斑纹"的处理,是将笔法与结构融为一体的典范之作。对于

西汉卜千秋汉墓壁画的笔法

大部分"云气"的处理,更凸显了笔法的多变,或顿挫自如,或充满动感,哪怕仅仅是烘托气氛,却也可以让人久久回味。

笔者以为,面对这些珍贵的壁画,人们当然可以从中去研究那个遥远时代的所思所想。但同样可以回到图画本身,去追寻艺术的旨趣,欣赏工匠们高超的绘画技艺。可以想象:一个以此谋生的画工,面对做好底子的空心砖壁面,粉本在手,或是成竹在胸;他的理性与感性、专注与才情,在点画之间,笔墨飞动,融入作品之中。与此同时,一个时代深沉、豪迈的气度,健康向上的审美情趣,也得以完好的保存下来。正是这个原因,今天,当人们再度凝视这些埋藏在地下两千多年的精美绘画时,依然会感动至深。

(姜彦文)

浅井头汉墓壁画的两种样式

图1 伏羲

1992年，在洛阳市市郊浅井头村发现一座西汉壁画墓。壁画绘在墓室顶部砖上。其中脊顶壁画由二十一块砖拼合构成，上面画有朱雀、伏羲、日、似虎怪兽、应龙、羽人乘龙、朱雀、蟾蜍、龙蛇穿璧、神人、月、女娲、流云纹。壁画的绘制方法是，首先在砖面上涂刷一层白膏泥，然后墨线勾勒，再施色彩，最后将绘制完成的壁画砖按次序拼镶在墓室中。

关于壁画艺术，最初的发掘报告认为，"线条流畅简练，布局紧凑，不凌乱，多变的流云将整幅画面统一在一起，表现出了高超、纯熟的绘画技巧，为研究古代绘画提供了新的材料"。后来学者们的意见大约如此，尚未见推进。

笔者对该墓壁画最为熟悉的是其中的"女娲"画像。因为此图在《洛阳汉墓壁画》一书中的图版非常清晰，并且被选入各类美术图册之中。对于这幅壁画，始终有这样一个直观的判断，认为浅井头壁画的艺术水准要低于卜千秋汉墓壁画。直到在河南古代壁画馆看到这组壁画的实物真迹，看到新近出版的图册后，终于可以非常清晰地看到除"女娲"之外的其他壁画，尤其是"伏羲"的画像。突然觉得，仅就伏羲壁画而言，此图的艺术水准非常高超，并不逊于卜千秋"伏羲"。

但将浅井头的"伏羲"与"女娲"二图进行比对，区别还是比较明显的。"伏羲"的头部塑造，结构准确自然，造

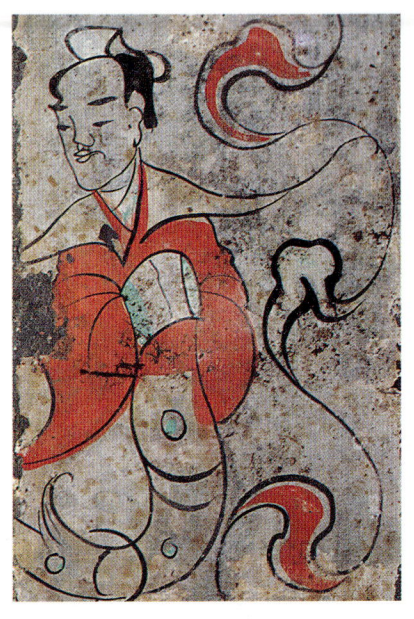

图2　女娲

型结实紧凑，勾线有控制、提按和顿挫，眼睛的处理尤其高于"女娲"。再看"女娲"，头部整体造型显得松散无力，勾线比较流利，但却失于油滑，过于表面化，不能做到"力透壁面"。比较二者身体部分的塑造，更可以看出前者在整体造型与线条质量两个方面都远超后者。

虽然这组壁画的总体风格相类，却包括了至少两种样式。当然有可能是同一个作者在不同状态下的两种表现，但更有可能的是：这并不是一个人的手笔。这就告诉人们，当人们使用同一套词汇去描绘汉墓壁画艺术，哪怕是同一组壁画的时候，其实是有危险的，实际的情况比人们想象的要更为复杂。

（姜彦文）

汉墓壁画中的日月

在表现天界的汉代壁画中,日和月是必不可少的图像,而且一定是同时出现、缺一不可的。日是大阳的代表,月是大阴的象征,两者同时出现表示阴阳和合,万物化生,生生不息。

壁画中的日月从外观上看都是一个圆轮,但圆轮里的景象不一样。日象比较统一,通常是一只飞翔的小鸟(图1)。月象却有差别,绘在月轮内的景物有三种:玉兔、蟾蜍、桂树。人们见到的月亮壁画中有的把这三样都画出来,有的只画出其中的一两样(图2)。

日月中为什么绘有这些景物呢?这得从流传于上古时期的神话故事中去寻找答案。

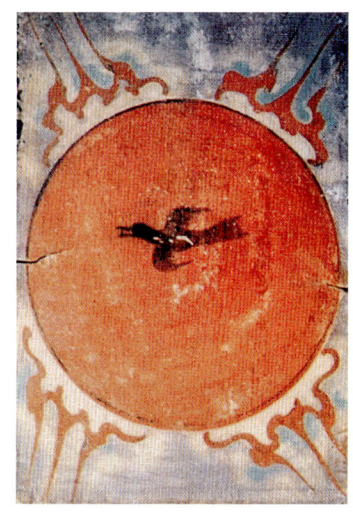

图1 西汉卜千秋墓中的太阳

古人仰观天象,以日月星辰的运行周期和所在位置来划分四季、制定历法,并以此为依据安排日常生产和生活。他们看到日月周而复始的东升西落,看到日月中变幻莫测的阴影,看到月亮由盈转亏再由亏变盈,对于这些难以解释的奇异而神秘的现象,编制出许多有关日月的神话故事,其中流传最广、影响最大的两则故事是后羿射日和嫦娥奔月。

图2 洛阳市浅井头西汉墓中的月亮

后羿、嫦娥是夫妻,都是天上的神人,因为天帝的儿子——太阳的缘故,他们才被派往人间,发生了令人感慨万千的故事。事情的经过是这样的:天帝有十个儿子,即十个太阳,这十个太阳由十只阳鸟(又叫金乌)背负着,一天一只轮流从生长于东方大地上的扶桑树升到天空上,沿弧线运行飞过天空,沉入西方的地平线,而后再依次停落在扶桑树上,开始十天一轮回的循环。但是有一天,十个太阳同时出现在天空中,结果大地上草木枯焦、百姓遭殃。天帝震怒,就派遣神射手后羿去教训一下他的儿子们。后羿带着嫦娥来到人间,看到被十个太阳害苦了的百姓,怒不可遏,一气之下射掉了九个太阳。天帝闻听此事,非常恼怒,就不许后羿再回天庭了。后羿和嫦娥成了也会生老病死的凡人。嫦娥为此经常抱怨后羿,后羿就到昆仑山找西王母讨要长生不死的仙药。当时,西王母手里只剩下两粒药丸,对后羿说,你们夫妻一人吃一粒,可以长生不死,一人吃两粒就可以成仙。后羿回到家,把药交给嫦娥,说好等到吉日一起吃。等后羿出门后,嫦娥忍不住把两粒仙药都吃了,一会儿就觉着身体变轻,飘了起来,她朝月亮飞去。谁知刚到月宫,她就变成了蟾蜍。最早的神话故事就是这样记载的。后来慢慢演变,到了汉代,月宫里增加了玉兔、桂树,再后来来了个砍伐桂树的吴刚……

(郭军虹)

汉墓壁画中的西王母

洛阳汉墓壁画中出现多例西王母的形象，其中以偃师辛村新莽时期（公元8年—公元25年）的一座墓中的形象最精彩。这幅壁画呈梯形，画面中绘有西王母和凤凰。西王母位于中部，其形象是一位相貌慈善端庄的中年美妇，她的容貌丰满姣好，头戴胜，身穿绿色袍服，肩生羽翼，双手合抱于胸前，端坐云端。其右侧是正在捣药的玉兔，下部绘一只肥硕的蟾蜍和一只背生羽翼的九尾狐。两侧的砖

偃师市辛村新莽壁画墓中的西王母

上各绘一只翎羽华丽、口衔瑞珠的凤凰。

西王母是在西汉后期才成为广被世人信奉的女神，之前她的名声并不显赫。文献资料和考古材料都证实人们对西王母的崇拜经历了一个渐进的过程。从成书于战国时期的《山海经》中，人们知道西王母是一个掌管瘟疫和刑杀的凶神恶煞。她最初的形象是很

可怕的:其形貌像人,但长着豹子尾巴,老虎的牙齿,头发乱蓬蓬地披散着,头顶戴着一支玉胜(装饰物),并且善于大声的长啸。西汉中期的一部奇书——《淮南子》中记载了这样一个故事:后羿登上昆仑山向西王母讨到长生不死灵药,后来他的妻子嫦娥偷吃后成仙飞到月亮上去了……这个故事说明,到了西汉中期,西王母因手中握有能让人成仙的不死之药而受到人们的敬仰和崇拜。

由此,人们禁不住会产生这样的疑问,深受万民敬仰崇拜的西王母会是半人半兽的恐怖形象吗?

这幅壁画解开了人们的疑团。壁画中西王母的形象与史书最初记载的有很大出入,除了西王母专有的装饰——玉胜之外,豹尾、虎齿等野兽的特征没了踪影,西王母完全变成了一名秀丽端庄的美貌女子,同时还为她安排了三个侍从——蟾蜍、九尾狐、玉兔,玉兔、蟾蜍是为她制作灵药的。同时,在她的身旁还有两只口衔瑞珠的凤鸟,这两只凤鸟应该就是《山海经》中描述的为西王母寻找食物的青鸟。青鸟到后来演变成西王母派往人间引领逝者灵魂升仙的使者。

这一组壁画绘在墓里,同样具有引导逝者灵魂升仙的作用。

(徐婵菲)

天界之门

——天门

长生不老、位列仙班是深藏在每个人心底的愿望。掌握了科学知识的现代人当然不相信这些神话了，但是古人，尤其是先秦、两汉时期的人特别相信神仙思想并追求长生不老。古人相信，在西边的昆仑山上和东边的大海上都有一个神仙居住的地方，如果谁能够到达那里就能像神仙一样长生不老、幸福快乐。在这一时期最热衷于寻仙求道的人要数秦始皇、汉武帝和王莽了，这三位帝王在历史上除了留下响亮的政治家的名头外，他们任用术士、四处寻仙的荒唐举动也是后人津津乐道的话题。上行下效，秦汉时期的社会从上到下弥漫着浓厚的神仙思想。当时的人不仅想象出瑰丽的天国仙境的景象和抵达仙境的方式，而且还煞有介事的认为在人间和仙境的交界处有一个叫做"天门"的入口。这个天门，就像鲤鱼跳的

图1　洛阳烧沟西汉墓中的天门

"龙门"一样,只有进入天门,凡人才能成仙。

汉代的画像资料中有许多表现天门的内容。天门的表现形式有两种,一是直接画出两扇门,二是画出两个门阙。这两种形式的天门在洛阳的壁画中都有发现。

图1是洛阳烧沟61号西汉墓中的壁画,它不仅画出天门,还画出了希望升仙的人。这幅壁画呈等腰梯形,中间部位表现的就是天门,下部是两扇门扉,其中一扇已经打开,中间有菱形网格窗,上部有五个玉璧。天门两边的三角形砖上用镂雕加彩绘的手法画出人物乘龙,这两个乘龙的人物就是墓主人,他们已到达天门外,而此时天门已为他们开启,只需向前再跨一步,就能进入天门,实现梦寐以求的升仙愿望了。图2是发现于洛阳市宜阳县丰李的新莽时期的墓葬壁画,两个门阙屹立于祥云缭绕

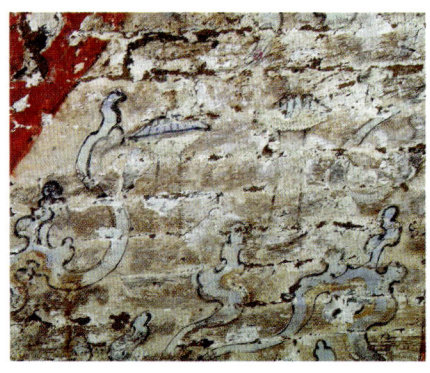

图2 宜阳县丰李新莽墓中的天门

的天际中,毫无疑问是代表天门的。发现于偃师市辛村新莽墓中的天门画像更有趣,画像由上下两部分组成,下部是象征天门的砖雕门阙,上部是表现天门之内情景的壁画,壁画中有端坐于云端的西王母、捣药的玉兔、九尾狐和蟾蜍。如果说图1表现的是天门外的情景,那么,西王母壁画则是表现天门之内的情景。

在人们非常熟悉的长沙马王堆汉墓出土的帛画中,在象征着人间的中层和象征着仙界的上层之间,不仅画出了天门,而且还有两个看门人和两只神兽把守呢!

(吴小苗)

洛阳汉墓壁画中的龙

龙,是众人皆知的神物,是一种最受人们喜爱、最具生命力和丰富内涵的文化符号,是中华民族的象征。每一名华夏儿女,都可称为"龙的传人"。作为形成华夏汉民族主体的时代——汉代,尤其喜爱和推崇龙,并常常将龙的形象饰绘到生活的各个领域,墓葬即是其中之一。从

图1 洛阳市浅井头村西汉壁画墓中的龙

目前洛阳发现的汉墓壁画中,几乎都能见到龙的形象。

龙是古人想象出来的本领极大的神兽,它能幽能明,能细能巨,能短能长,上能飞腾九天,下能入潜深渊,能喷云吐雾,能兴风作雨,还能载人升天,黄帝就是骑着黄龙升天的……龙有如此神通,当然能够满足人们的一切愿望了。所以,人们把龙的形象绘在墓中,相信它不仅能镇墓辟邪,还能引魂升仙。

洛阳汉墓壁画中的龙,形态各异,多姿多彩。根据龙的外貌,粗略可分为两种:无足龙、有足龙。无足龙(图1)较少,如卜千秋升仙所乘的龙和浅井头村西汉墓中二龙穿璧中的龙。关于卜千秋升仙

所乘之龙，有人称其为蛇，以蛇为小龙，卜千秋为人而非神，故只能乘蛇，这种说法虽有一定的道理，但并不完全确切。卜千秋所乘之龙与二龙穿璧图中的龙形象极为接近，像蛇又与蛇不完全相同，尤其头部与蛇头有较大不同。考古发现的夏代及夏代之前的龙就是这个样子。据史书记载，这种无足的龙名叫蟠龙。而有足龙在汉墓壁画中表现的最多，例如西汉卜千秋墓壁画中的龙、磁涧西汉墓壁画中的龙。其形象是头部比较大，龙嘴很长，头上长角，身上有鳞、有足。

图2　新安县磁涧西汉墓壁画中的龙

龙足有的似虎爪，有的似鹰爪。凡后世龙身上器官、肢体均已完备。有足龙的种类和名称很多、很复杂，有青龙、黄龙、夔龙、应龙等，一般很难分别出来。

洛阳汉墓壁画中所见的龙，在形、神的表现艺术上均达到空前高度，于写实的风格中带着适度的夸张，将神龙表现得神态威猛、充满活力，给人以气壮山河、活灵活现、飞舞灵动、痛快淋漓的感觉。

（吴　迪）

汉墓壁画中的凤鸟

凤鸟,有许多别名,如凤凰、朱雀、青鸟、鸾鸟等,它和龙一样,是古人想象出来的一种神鸟。相传,黄帝统一华夏各部落后,被推举为天

图1 西汉卜千秋墓中的凤鸟

下之主,他在位时期,施行仁政,天下太平安定,百姓安居乐业,但一直没有凤凰出现。黄帝很是不安,于是就召来有学问的大臣询问凤凰到底长得什么样子?大臣说,凤凰前部像大雁,后部像麒麟,脖子像蛇,尾巴像鱼,身上的花纹像龙纹,背像龟,喙像鸡……它集道德、仁义、忠诚、公正于一身,飞舞起来,五彩缤纷,灿烂夺目,还能沟通天地,它只在太平盛世时才出现,只喝清莹的甘泉,只吃洁净的竹实,只栖息在梧桐树上。黄帝听后,更加勤于政事,终于凤凰飞来了……

从上面的故事人们知道,只有国泰民安时,凤鸟才会出现,所以在古人的心目中凤鸟是吉祥之鸟,象征着祥和幸福。正因为如此,古人常常把凤鸟刻画在与自己生活密切相关的场所、器物上,比如建筑中、日用器具上,甚至衣服面料上。当然,事关后世子孙

昌盛与福祉的墓葬中肯定少不了凤鸟。

在洛阳的许多汉墓壁画中发现有凤鸟的形象（如图1、2、3）。这些凤鸟非常美丽、神俊，超凡脱俗，它们都有两个

图2　新安县磁涧西汉墓中的凤鸟

共同特征：一是头上有高高的、华丽的冠羽；二是身后长着长长的色彩斑斓的尾羽。

凤鸟和神龙一样，是一种兼具辟邪、升仙、祥瑞等多种神性于一身的瑞鸟。在汉代画像中，凤鸟经常出现在不同的场景中，它所表现出的神性不同，名称也不一样。与青龙、白虎、玄武一起出现的，叫做朱雀，是表示方向的四神之一，代表南方，具有镇邪的作用；和西王母一起，名叫青鸟，象征着长生不老；与伏羲、女娲、日月、龙、虎等神人神兽一起出现表示祥瑞；还有充当主人的坐骑，载负着主人升仙的，表现了凤鸟沟通天地的神性。

正因为凤鸟是吉祥、长生、美丽、高洁的化身，深受中国人的喜爱，所以与凤鸟有关的成语很多，如龙凤呈祥、鸾凤和鸣、凤凰于飞，象征着美满的婚姻；有凤来仪，是吉祥的征兆；凤毛麟角，比喻珍贵而稀少的事物；龙飞凤舞，比喻美好的姿态等。

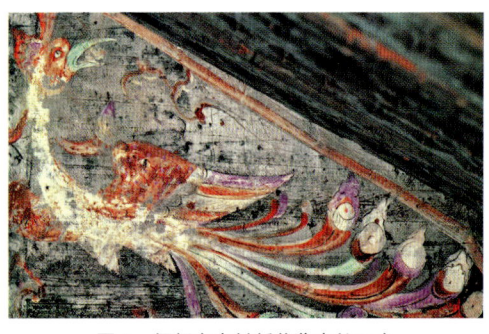

图3　偃师市辛村新莽墓中的凤鸟

（李丽霞）

北方之神
——玄武

在我国古代传统神话中，有四个地位不高、却十分重要的神灵，它们是青龙、白虎、朱雀、玄武，因其具有"镇四方，避不祥"的神性而成为镇守四方的四方神灵，简称四神，或四灵、四象。四神与四方的配置组合关系是东方青龙、西方白虎、南方朱雀、北方玄武。

说起四神的形象，大家一定很熟悉，青龙、白虎、朱雀自不必说，玄武的形象，稍微复杂些，是龟蛇合体。但四神的形象被固定下

新安县铁塔山新莽壁画墓中的玄武

来、成为我们现在熟知的形象却经历了一个较长的过程,其中北方之神玄武的形象确立最晚。

在崇尚神仙学说的汉代,能够"避除不祥"的四神自然成为备受人们推崇和喜爱的神灵。人们常常将四神的形象绘在墓中以达到驱凶避邪、帮助墓主人的灵魂顺利升入仙界的目的。

从目前的考古发现来看,洛阳出土的大多数西汉壁画墓中都有四神的形象。但是,这其中存在着一个奇怪的现象,即在每幅绘有四神的壁画中,青龙、白虎、朱雀三神的形象是固定一致的,而玄武却不是人们熟知的龟蛇合体的形象。如西汉卜千秋壁画墓、浅井头壁画墓等,均不见龟蛇状的玄武。不仅仅是洛阳,在我国目前所发现的西汉壁画墓中凡绘有四神形象的,均不见人们所熟知的玄武形象。这是怎么回事呢?

从文献记载来看,四神的概念很早就产生了,北方之神玄武的名称早就有之,但玄武以龟蛇合体形象出现却是在新莽时期。在此之前,玄武的形象是不固定的,好几种动物都充当过玄武。据考古资料可知,麒麟、蛇、龟、鸟、猪、鱼妇,甚至是云气纹,都被当做玄武的形象出现在壁画或器物上。最早的龟蛇合体的玄武形象出现在洛阳金谷园新莽壁画墓中。但同为新莽时期的另一座壁画墓——新安县铁塔山壁画墓中的玄武却只有一只龟(如图)。

由此可见,以龟蛇合体的形象代表北方之神玄武经历了一个渐进的过程,大概到东汉时期,龟蛇合体的玄武形象才被人们广为接受、使用。

(吴　迪　朱志娟)

汉墓壁画中的羽人

图1 西汉卜千秋墓中的羽人

汉代的升仙图壁画中有许多神人神兽,他们一般生有翅膀,以此表示具有自由往来于天地之间的神力。在升仙队伍的前列,通常有一位神人,他是升仙队伍的引导者,名字叫羽人。

洛阳不少汉墓壁画和器物彩画中能见到羽人的形象。西汉卜千秋夫妇升仙图壁画中的羽人是一位大腹便便的老者,他的头发随风向后飘扬,身披紫色羽衣,下着红色羽裙,双手持节,站立在云端(图1)。西汉浅井头墓壁画中的羽人站立在龙背上,是个半人半兽的形象,他的脑袋后仰,眼睛眯成一条缝,披散的头发几乎平直地飘在脑后,一条腿向前踏在龙背上,另一条腿用力后蹬,身后有一条长长的尾巴(图2)。尾巴特意用粗重的线条绘出,而且还有一个小小的向前弯曲的弧度,似乎是全凭着尾巴的支撑他才不至于被疾风吹倒。两幅壁画中,在羽人的身后是长长的升仙队伍,从羽人向后飘起的头发和画面中充斥的

图2　洛阳市浅井头村西汉壁画墓中的羽人

流云，可知这一行由羽人引导的队伍以极快的速度在空中飞行疾驰。

　　《山海经》《楚辞》两部著作中都提到羽人，说古代有个羽人国，生活在那个国度里的人都不会死亡，还说通过修仙学道或服食仙丹而得道的人都会长出羽翼。在古人的心目中，羽人就是飞仙，是天帝派往人间接引凡人升仙的使者。卜千秋壁画中的羽人手中持有一杆旌节。旌节是一种信物，只有负有某种使命的使节才能持有，是使者身份的象征。这进一步说明了羽人使者的身份。

（李　波）

仙人王子乔

西汉卜千秋壁画墓中的王子乔

洛阳西汉卜千秋墓中有一幅壁画,画面上绘了一个人面鸟身的神人,人面清秀,长着一对长长尖尖的耳朵,鸟身硕大,羽翼、尾毛华丽。此神站立于山巅,展翅欲飞。关于这个神人是谁、表示什么意思,在学术界有好几种说法,其中一种说法认为这是仙人王子乔。那么,王子乔是谁?把他画到墓中有什么作用呢?

王子乔,东周时期周灵王的太子,姓姬名晋,他天生聪悟神异,自幼好道而且德行很高。他在做太子时因直言劝谏灵王被废为庶人,从此郁郁寡欢,不到三年就死了,年龄不到二十岁。因为百姓非常爱戴他,就认为他是到天上做神仙去了。于是,王子乔成仙的说法流传开了,而且越传越神。到了西汉时期,著名的文学家刘向编了本名叫《列仙传》的书,王子乔名列其中。书上说王子乔好吹笙,能学凤凰鸣叫。他时常在伊河、洛河之间的山上游玩,后来跟道人浮丘公上了嵩山,隐居修道。三十年后王子乔见到他的家臣,就对家臣说:"回去告诉我的家人,七月七日在缑氏山(在洛阳偃师)上能见到我。"到了那天,人们果然看见王子乔骑着一只白鹤,立于山巅,但可望而不可即,数日后才飞走。

王子乔修行成仙的故事一直在民间流传。武周时期武则天到缑氏山游览,在此立了一通很大的石碑——升仙太子之碑,碑文由她亲自撰写并书丹。

人们看到壁画上的神人并不像书上描述的那样王子乔骑着仙鹤,这是怎么回事呢?西汉时期神仙思想盛行,神仙派的思想家凭想象创造出一个包括诸多神人神兽的神仙谱系、仙界景象、升仙途径和方式在内的神话体系和世界。这个靠文字描述和口耳相传的神仙故事和神人形象,在不同的画家笔下肯定是不同的样子,就像伏羲、女娲、西王母一样,除了标志性的特征外,其形象各不相同。

虽然与传说中的王子乔驾鹤升仙有差异,但它表示祈求升仙的愿望是一样的,是升仙思想的另一种表现形式。画在墓中是希望墓主人能得到王子乔的引领并像王子乔那样变成神仙,永享生命的快乐。

(郭开红)

神虎吃旱魃

在洛阳古代艺术博物馆陈列的烧沟 61 号西汉壁画墓中有一幅壁画，画面描绘的是一棵枯树，树枝稀疏，树叶呈红色，天空中有一只飞鸟，树下有一女子，头发被系在树上，双目紧闭，上身裸露，肤色发紫。树上挂一红色的衣裳，应是裸女之衣，裸女右边有一只猛虎，身生双翼，前爪踏在裸女头部，张口欲食。据考证，这幅壁画的内容表现的是"神虎吃旱魃"，画中被虎咬的女子就是"旱魃"。

旱魃(hàn bá)，是主旱之神。在古代的神话传说中，旱神有许多位，仅《山海经》中记载的旱神就有一二十位。在所有的旱神中，危害最大、最令人生畏的就是旱魃。旱魃，又称女魃，传说她是黄帝的女儿，是一位颇有法力的天神。在远古时代，黄帝与蚩尤

洛阳烧沟西汉壁画墓神虎吃旱魃图

两个部落之间发生了一场大战，蚩尤请来风伯、雨师助战，一时间狂风暴雨吹打不止，眼看黄帝一方处于下风，就要败落，在这紧急

关头,黄帝召来女魃对付风伯、雨师。女魃来到阵前施展法术,风雨迷雾顿时消散,黄帝大获全胜,并擒杀了蚩尤。女魃在战争中建立了大功,但也因此耗尽神力,再也回不到天上了,她只能留在人间。

因为是旱神,旱魃走到哪里,哪里就会遭受严重的旱灾。而干旱对于农业社会靠天吃饭的老百姓来说,可是丰收的大敌。所以,在古人的观念中,每逢旱灾,便认为是旱魃在作怪,千方百计地要把她赶走。于是,旱魃成为最不受欢迎的人物。不仅不受欢迎,而且还希望她永远消失!如何赶走并消灭旱魃呢?古人想出多种方式来驱赶或惩治旱魃。比如:把代表旱魃的人或物抛进水里溺死,放到太阳底下暴晒,或扔到猪圈里,或在门前立桃木棒,或在门上画神荼、郁垒、青龙、白虎等图像,以此抵御包括旱魃在内的各种凶鬼等。

这幅壁画的主要画面是一只肩生双翼的斑斓猛虎正张口欲食已束手就擒的旱魃,把人们痛恨旱魃和必除之而后快的心情、愿望痛快淋漓的表达出来。虎,自古以来就是极具神性的动物,古人认为虎是百兽之长,是专门嗜食鬼魅的神兽。神虎吃旱魃壁画,具有震慑鬼怪、驱鬼逐疫的功能,把它画在墓中,其用意显而易见。

(郭开红)

汉墓壁画中的蟾蜍

在洛阳所发现的汉墓壁画中,蟾蜍的形象几乎随处可见,例如洛阳浅井头西汉墓壁画、西汉卜千秋墓壁画、宜阳丰李新莽墓壁画等六、七座墓葬中壁画均绘有蟾蜍,其形象均是圆腹、四肢伸张,或作游动状,或作爬行状。其所处的场景一是与神兽为伍(图1),二是与西王母相伴,三是在月亮中(图2)。

图1 洛阳市浅井头村西汉壁画墓中的蟾蜍

蟾蜍,俗称癞蛤蟆,是一种皮肤粗糙,背上长满了大大小小疙瘩的丑陋动物,在现代人们心目中有着极为不良甚至厌恶的感觉或印象,俗语中有"癞蛤蟆想吃天鹅肉——做梦"的语句。那么汉代壁画墓中绘这种丑陋的动物又是什么原因呢?

原来这与西汉人们的宗教信仰有关。蟾蜍腹大,生活在水中,产子众多。汉代人们认为蟾蜍为水之灵,将其大腹的特征同孕妇的大腹便便联系起来,绘于壁画中象征着生命化育,祈求保佑墓主人子孙繁盛。汉代人还认为蟾蜍为仙兽,是吉祥与长寿的象征,史书有"蟾蜍寿千岁""蟾蜍万岁,背生灵芝,出为世之祥瑞"的记载。蟾蜍与西王母在一起表明其为西王母的重要侍者,与玉兔一样是为西王母制造长生不死之药的。月亮中的蟾蜍与嫦娥偷灵药奔月的神话故事有关。东汉著名科学家张衡的天文著作《灵宪》中即记载了这个故事:"(羿妻)

图2　洛阳市磁涧西汉壁画墓中的蟾蜍

嫦娥窃之以奔月。将往,枚筮之于有黄。有黄占之,曰:'吉,翩翩归妹,独将西行,逢天晦芒,毋惊毋恐,后其大昌。'嫦娥遂托身于月,是为蟾蜍。"翻译成现代白话语言就是羿的妻子嫦娥偷吃了王母娘娘的不死仙药后,请人给自己算了一卦,卦象比较吉利,于是飞升到月亮化为蟾蜍。嫦娥变成蟾蜍后,在月宫中终日被罚捣不死药,过着寂寞清苦的生活。李商隐曾有诗感叹嫦娥:"嫦娥应悔偷灵药,碧海青天夜夜心。"原始神话与现今流行的神话传说有很大的不同。现代众所周知的故事是后人逐步扩充并不断融合自身的美好愿望改编而成。

另外值得一提的是,汉墓壁画中的蟾蜍均长着一条奇异灵动的尾巴,显示出奇特灵异的色彩,与现实生活中的蟾蜍并不完全一致,毫无令人厌恶之感。

(程伟忠　吴　迪)

黄蛇邪？黄龙

洛阳西汉卜千秋墓壁画，内容繁杂丰富，充满奇幻色彩，引起人们的广泛关注。有关壁画内容的考证文章数量众多，对个别画像的认识存在分歧，比如对壁画最后面的长着长耳朵的蛇形神兽，即是一例。

这个蛇形神兽，发掘报告的作者称之为黄蛇，有人认为这是北方之神鱼妇。笔者认为这两种说法都有些欠妥，值得商榷。那么，这个带耳蛇形神兽到底应该叫什么呢？笔者认为它应该叫黄龙，它是鲧死后变成的黄龙，是充当北方之神——玄武的，它在此起着驱凶避邪的作用。

为什么说它是鲧呢？《山海经》记载了鲧的故事。鲧是我国上古时期神话传说中的英雄人物，同时也是悲剧人物。传说在远古时期，发生了一场滔天洪水。由于洪水泛滥，生活在水深火热当中的人

西汉卜千秋壁画墓中的黄龙

们只有祈求天帝消退洪水。但天帝只顾自己寻欢作乐,根本不把下方受害遭难的百姓放在心上。人们的悲惨遭遇感动了天神鲧,于是他便偷了天帝的一件宝贝"息壤",私自下凡帮助人们治水。当他的治水事业即将成功之时,被天帝发现了,天帝派火神祝融将鲧擒住,并在羽山杀死了鲧。结果洪水又卷土重来。鲧在死后并没有放弃帮助人类治理洪水的想法。相传,鲧死后其尸体三年不腐。天帝听说后,派人拿着吴刀去剖开鲧的肚子,结果从鲧的肚子里跳出来一个小孩,他就是禹。原来这三年里,在他体内孕育了一个新的生命——大禹,鲧把他的神力和精魄都传给了禹。随后鲧变成一条黄龙跳进了羽山旁边的羽渊中。

  鲧虽然是位失败的英雄,但他为民造福不惜牺牲生命的壮举,堪与古希腊神话中盗天火给人类的大神普罗米修斯媲美。更为了不起的是,他的儿子禹继承了他的事业,最终平息了水患。

  在神话传说中,鲧是北方大帝颛顼之子,鲧变成黄龙的羽渊,也在北方。所以,以鲧所化的黄龙做北方之神玄武,应该是顺理成章的事。

(吴　迪　余晓东)

驱傩宴飨图

这幅人物壁画与前文介绍的驱傩壁画都出自洛阳烧沟61号西汉壁画墓中。画面呈梯形，上宽1.32米，下宽1.78米，高0.23米。壁画中以山峦为背景，绘出九个人物。从左边看起：左边的三个人都站立着而且装备有剑、戟等武器。左数第四人身形庞大、醒目，形象像一头熊，但穿着衣服，手拿酒杯。第五人也站立着，面朝"大熊"。第六、第七人，踞坐，手拿酒杯，似在交谈。第八人坐在烤炉边正在烤肉，在他的上方悬挂着各种肉食，还有一只羊头。第九人手执长戟，俯身看着烤肉的人。关于这幅壁画表现的内容，有两种看法：一是历史故事——"鸿门宴"；另一种是举行驱傩仪式之前的宴飨图。目前，普遍认为后一种说法更有道理。

驱傩是汉代丧葬礼仪中必不可少的一个环节，是实现灵魂升仙的前提和保障，这一点在前文已经介绍了。驱傩是一场与地下鬼怪对抗的仪式，是一种巫术行为，它具有一定的危险性，同时也是既耗时间又耗体力的活动。所以在驱傩之前要让参加驱傩的人吃饱喝好，以增加体力和壮大胆量。《后汉书》中详细记载了官府举行

洛阳烧沟西汉壁画墓中的驱傩宴飨图

的驱傩活动,书上称之为"大傩",声势和规模非常浩大。其主要过程是:在每年岁末的腊日前一天,从官家子弟中选出年龄在十岁至十二岁之间的童子一百二十人,他们头戴红头巾,身穿黑衣服,手拿着鼓,跟着由人装扮成的方相氏和十二种神兽,一边跳舞一边唱着驱鬼词,在城中跑上三圈,最后把象征着鬼怪的某种物件扔到洛水中。丧葬礼仪中的驱傩仪式和规模肯定要比史书记载的小得多,但其中的主要角色和重要环节应当一致。

　　图中那个身形庞大的熊头怪物就是驱傩活动中的重要角色——方相氏,他两眼圆睁,面目凶恶,盘腿而坐,左手执长戈,横置膝上,右手拿着酒杯欲饮。他身边或坐或立的人都是参加驱傩活动的人员。图中三位正在举杯饮酒的人、悬挂的肉食、烤肉的人,表明这幅壁画表现的是驱傩前的宴饮场面。

　　这幅宴飨图和驱傩图一样,具有辟邪意义。

(李广泽)

汉墓壁画中的"山"

一般认为山水画起源于魏晋南北朝之际,这与当时的社会思想密切相关。而考古发现有关"山"的形象至少在汉代已有多例,比如洛阳烧沟61号汉墓壁画就是其中之一。

这座墓的年代在西汉元帝和成帝之间(公元前48年—公元前8年)。位于墓室后壁山墙之上有一幅"宴飨图"壁画,整个画面以山峦为背景(图1)。对背景前的这组人物,相关的讨论颇多。而对"山"本身,则很少有人关注,即使提到了也多一笔带过,或称"山峦叠嶂",或称"连绵起伏的山峦",或称"层叠山峦"。

我们先远距离地观看一下这组"山峦"。其形象非常简单,外轮廓采用墨线勾勒的方法,用笔有粗细之别,线条之间的叠压、组合关系符合山势的规律。在这条墨线以下,染以紫色和绿色,三者结合起来,可以看到山的形体被基本塑造出来。然而,当人们细读笔墨的细节时,可以惊喜的发现,说外轮廓是勾勒的墨线其实是不确切的,它更多的是由一个个的"竖点"所构成(图2),这与后世山水画中常见的"点法"相类,表现的应该是树木。我们不能说此时独立的山水画已经诞生,但其中的形象关联的确耐人寻味。

图1 后室后山墙壁画全貌

图 2　壁画左侧局部

另一个问题是，为什么要画"山"？贺西林先生将此幅壁画命名为"野宴"，似乎受到山峦背景的影响，认为故事发生在野外。虽然郭沫若先生对壁画人物图像的解释（认为壁画反映的是鸿门宴故事），受到广泛质疑，但先生对"山"的推断大约是可信的，即"壁画中的壁画"。笔者推测，此处"山"的图像很可能是绘于步障（古代一种用以遮蔽风尘或视线的一种屏幕）或其他类似设施之上。可以补充的证据是，画面右侧悬置的四个挂着牛肉和牛头的黑色大钩（图 3），与其说在"山"上悬挂，毋宁说在"障"上悬挂更为合理。在沂南汉墓画像石中的庖厨场景，就是在步障之内发生的。在一些新近的考古发现中可以看到

图 3　壁画右侧局部

类似的图像，如内蒙古鄂托克旗米兰壕 1 号东汉墓墓室北壁中段狩猎壁画中的"山"，周边的花纹带或许也可以证明"山"是在"画"中的。而 1992 年发掘的鄂托克旗凤凰山 1 号墓中"山"的形象，则可以清楚看到垂在"山"前的"障额"。

　　正因为"山"是"障"上面的"山"，所以"人"自然画的比"山"还要高大。由此想到的另一个问题是，唐代张彦远对于魏晋以后的山水画"人大于山"的批评，是否有可能是将"画中的山"误读为"真实的山"而产生的一个误会呢？

（姜彦文）

二桃杀三士

洛阳烧沟西汉壁画墓中的二桃杀三士图

汉代乐府诗中有一首无名氏写的《梁父吟》,诗是这样的:
　　步出齐东门,遥望荡阴里。里中有三坟,累累正相似。
　　问是谁家墓,田疆古冶子。力能排南山,文能绝地纪。
　　一朝被谗言,二桃杀三士。谁能为此谋,相国齐晏子。

诗中提到的"二桃杀三士"是发生在春秋时期齐国的故事。齐景公手下有三员武将,名字叫公孙接、田开疆、古冶子,他们都骁勇善战,为齐国立过战功。有一次,齐国宰相晏婴路遇三人,三人佯装没看见,这引起晏婴的忧虑。于是,晏婴进言齐景公,说三人目无尊长法度,恐怕不利于国家,应该除掉他们。齐景公担心三人勇猛,用武力难以解决他们。晏婴献上一计,让景公给三人二个桃子,令三人论功取桃。公孙接比较机灵,见到桃子后,感叹地说:"晏婴真是名智者,给国君出这样的主意!如果不接受,是不勇。那我们就比比功劳吧。我搏杀过野猪和猛虎,论功可取一桃。"于是伸手拿个桃子站在一边。田开疆说:"我率领军队两次打败敌军,也可取桃。"他也拿了桃子。古冶子说:"我当年护卫国君渡河,一只大鳖咬住驾车的

41

马并拖入水中。我虽然不会游泳,却奋不顾身地跳到河里与大鳖搏斗,杀了大鳖,然后左手拽着马尾巴,右手提着大鳖的头,像鹤一样跃出水面,船上的人都以为我是河伯呢!以我的功劳当然应该吃桃,你们两个根本没法和我比,还不把桃子还回来!"说完,一跃而起,拔出宝剑。公孙接、田开疆闻听此言,惭愧地说:"我们俩不如你勇猛,功劳也比不上你。争先取桃而不谦让,是贪婪,有这么多不足而不死是不勇啊。"说完,两人把桃放回去,拔剑自刎!古冶子见状,不胜惊愕和悔恨,悲痛地说:"他们俩都死了,我独自活下来,是不仁;羞辱朋友,夸耀自己,是不义;痛恨自己的行为而又不去死,是不勇。"于是,他横剑自刎。

这个故事在当时以及后来的秦汉时期广为流传,因为在汉代的画像材料中经常能够看到表现这个故事的画面。在洛阳的烧沟61号西汉墓壁画中就有一幅二桃杀三士壁画。画面中有八个人物,从左到右依次是两名侍卫、齐景公、晏婴、齐景公的使者、公孙接、田开疆、古冶子。壁画中三名武士刻画的最为生动传神,表现的正是三人论功取桃的景象。史书记载,晏婴身材短小,画中那个个子矮小的人就是晏婴。

一直以来人们认为这个故事是称赞足智多谋的晏婴的,但从这首《梁父吟》诗中,可以看出作者对晏婴的态度充满了不满和讥讽,并对三士的死给以极大地同情。

西汉后期,许多体现儒家倡导的"忠孝节义、仁勇智信"思想的历史故事题材的画像出现在墓葬中。把这类故事装饰在墓中的目的是为了标榜墓主人是位具有这些优秀品质的人。

(李广泽)

孔子见老子

与二桃杀三士壁画紧挨着的是另一幅历史故事壁画，这幅壁画画幅不大，上面只有3个人物，左边一人手里拄着木杖，面向右方，中间一人是名儿童，面向右边，仰望对面的人，右边一人面左而立，双人合掌，正低头看着中间的儿童。

这幅壁画在发现之初，由于没有文字说明，关于壁画内容引起学者们的争议。因为中间有名儿童，所以西汉之前的所有与儿童有

洛阳烧沟壁画墓中的孔子见老子图

关的历史故事都可能是壁画表现的内容，故而有人认为是"赵氏孤儿"，有人认为是"孔子师项橐"，还有人认为是"周公辅成王"、"吴公子季札"等，不一而足。后来在山东省嘉祥县发现的一块汉代画像石上有一幅与这幅壁画类似的画面，上面有"老子""项橐""孔子"的题记，从而中止了壁画内容的争议。这幅壁画反映的是"孔子

见老子"和"孔子师项橐"两个故事,这三人从左到右分别是老子、项橐、孔子。

  孔子、老子是我国东周时期两位伟大的思想家,分别是儒家学派、道家学派的创始人。孔子,姓孔名丘,鲁国人,面对当时"礼崩乐坏"的社会状况,立志"复礼"。老子,姓李名耳,当时担任周王室的守藏史,即管理周王室图书的官员(相当于今天的国家图书馆馆长),他学识渊博,对周公制定的礼乐典章制度非常熟悉。据史书记载,孔子曾经到东周的王都洛邑(今洛阳)向老子请教有关礼仪制度的问题。两人一番长谈后,孔子对老子极其敬佩、推崇。之后对他的弟子说:鸟,吾知其能飞;鱼,吾知其能游;兽,吾知其能走……至于龙,吾不能知,其乘风云而上天。吾今日见老子,其犹龙邪!这两位伟大的思想家的会面,不仅被《左传》《史记》等史书用文字记载下来,还被汉代人以图画的形式保存下来。

  项橐,是东周时期鲁国的小神童,聪明机敏,善于言谈。孔子周游列国时遇见年仅7岁的项橐,交谈中被项橐问得哑口无言,发出"后生可畏"的感叹,还拜项橐为师,并要求弟子们要有不耻下问的学习精神和勇气。据说,选入小学课本的《两小儿辩日》文中的一个小儿就是项橐。

(刘荣军)

"八里台"汉墓壁画中的动物形象

"八里台"汉墓壁画,1916年发现于洛阳,后被卖到巴黎古董商卢芹斋手中,几经辗转,后被美国波士顿美术馆收藏,并保存至今。这组壁画由预先设计好的五块空心砖分上下两组拼装而成,砖的正背两面皆绘有图像,背面保存较差,正面仍清晰可辨(图1)。

上组的画面由左右两侧的三角形砖和中间的方砖拼成。两侧三角形砖上的画面保存较好,中间部分保存较差。左侧三角形砖,画面从左到右描绘了一虎张口向右爬出,一发型奇特、面向右侧的人,手中执握棨(qǐ)戟,一人戴纱冠,一手向后张开,另一手握一杆棨戟站立,其身下有一人抬头向右,二人身下有一只虎的后半部。右侧三角形砖的构图与左侧类似,有三人手中各执斧或棨戟,有一熊,蹲在边角处。中间的方砖上有一浮雕的羊头伸出画面,两侧有二戴纱冠之人踞坐,下为虎的前半部分和右侧三角砖第一人的后半部分。

图1 八里台汉墓壁画

图 2 南阳汉代画像石拓片

单纯从画面上分析,人物与下部的兽没有太多的联系,人物形象和相互关系难以考证,但是下部的动物却颇有看点,似乎应为单独的一组场景。在许慎的《说文解字》中,虎为"山兽之君",有辟除不祥的能力,而从左至右的三只动物似有追逐与吓退的态势。无独有偶,这种"兽逐"场景在南阳画像石中可以看到颇多的例子,例如一件出土于溧河乡十里铺的画像石中(图2),一虎张口向右将一熊吓退,熊俯首贴地的样子即与此种情况类似。虽没有具体的文献可考,但结合大量的类似图像不难看出其中的驱邪避凶的意味,熊被看做是不祥的,是应该被祛除和吓退的。烧沟61号壁画墓的隔梁雕砖壁画上也有一人手持环首刀追逐一熊的场景。

此组壁画的具体内容虽然已有"上林苑斗兽""傩戏""上陵"等说法,但是如果将画面根据不同的场景细读的话,会有很多细节问题值得研究。

(徐呈瑞)

美术史中的"迎宾拜谒图"

20世纪20年代初期,"九朝古都"洛阳盗墓之风甚为猖獗。大约于1916年,在开封古董商人刘鼎方的监督下,一组带有壁画的空心砖被盗掘出土。出土的地点,据说是"洛阳西边八里台",故这组壁画被人们称为"八里台"汉墓壁画。壁画出土后被一上海商人收购,然后辗转盗卖出国。1925年,巴黎古董商人卢芹斋(C. T. Loo 1880—1957)经拍卖得到,并转赠给美国波士顿美术馆(Museum of Fine Arts, Boston)。这组壁画由五块空心砖组成,整体为梯形,上层有三块砖,一块为方形居中,其余两块是三角形,位于两边。下层为两块长条形空心砖横接而成。本文讨论的图画位于正面下层右侧长条形空心砖的右端,在1989年出版的《中国美术全集·绘画编12·墓室壁画》中,被命名为"迎宾拜谒"。有专家认为,此图所表现的有可能是"孔子见老子"的历史故事。在各种版本的美术史图录、著作、教材中,此图的流布可谓最广,影响也最大,甚至成为汉代艺术的代表作品。那么,它真的能够代表汉代艺术吗?

此图为平列式构图,画五人。最左面的主人拱手而立,正与第一位客人寒暄,第二位客人尾随其后,第三位客人做回首与第四位客人交谈状。虽然是一幕普通的见面场景,但如果结合每个人物的姿势与神态,可以轻松发现一组极有趣味的人物关系,隐藏在图画里面。这是平中见奇的典范之作。

所画人物的头部用线简劲、准确,而衣饰刻画则相对放松很

八里台西汉壁画墓中的迎宾拜谒图（局部）

多，洒脱自然。赋色的用笔更为挥洒自如。就人物造型而言，左侧第二、三人头部稍向观者倾斜的姿势，结构与透视关系的处理准确而自然。对人物的神态刻画更为成功，如左面第一人的持重与自尊，左二的亲切与放松，左三的含蓄与静默，左四、左五的动感与俏皮，神采呼之欲出。

通过上面的简略分析，人们可以发现，此图在人物组合关系、用笔、造型与神态刻画上均极为精彩，其精微之处甚至值得反复玩味。

必须承认，上述分析是在讨论美术史上的"迎宾拜谒图"，是在被"裁剪"后的"一幅画"的概念下的描述。在描述的过程中，此图的位置、尺寸、材质、功用、性质均被淡化、甚至忽略。笔者以为，人们可以收回"剪刀"，去反思美术史与考古学及其他学科之间的复杂关系。但就"美术史"研究而言，这并不矛盾，因为，正是这些优秀的作品，构成并完善了人们关于汉代美术的知识和细节。

（姜彦文）

六博图

  下棋是当今社会人们茶余饭后最常见的缓解压力和娱乐消遣方式之一，其实早在春秋战国时期棋类游戏已受到贵族阶层的青睐，到了汉代流行下一种叫"博"的棋，因为对博的双方各有六枚棋子，所以也叫"六博"，当时无论是贵族官僚，还是黎民百姓都喜欢"对博"，连秦始皇、汉武帝、汉景帝这样的君王也都喜欢"六博"游戏。那么，这六博是什么样的棋类游戏？1991年出土于偃师市辛村新莽壁画墓中的"六博图"，让人们窥见了它的真实面貌。

  "六博图"：画面上两位老者相对而坐，中间的方形物体是"博局"，也就是棋盘，左边老者两眼专注地盯着棋盘，右边老者上身前倾，右手高高举起。一旁有抱着乐器的侍者，两老者身边放置托盘耳杯，看样子是边下棋边饮酒，兴许是输棋者还要罚酒一杯呢。

  不仅是在墓室壁画里，许多考古资料中都有关于"六博"的文物。通过文献记载和考古实物得知，一套完整的六博，应包括棋盘、棋子、箸(即后世博彩类常使用的骰子)。两人行棋，双方各有六枚棋子，其中各有一枚象征王的棋子"枭"，其余五枚是代表卒的棋子"散"，这是根据战国时期的兵制和军事训练配置的，五人为伍，另设伍长一名，共计六人。由此可见，六博棋是仿自当时作战的一种游戏。比赛方法是"投六箸行六棋"，即棋子在局盘上行走，以投箸决定行棋的步数，双方在搏斗的过程中还要斗巧斗智，相互进攻逼迫，置对方于死地。六博棋有一个重要的道具"博筹"，博筹用于记

偃师市辛村新莽壁画墓中的六博图

录对博者的输赢情况。

　　最初六博是一种带有比赛性质的游戏，后来逐渐发展成一种赌博的手段，随着六博赌博化趋势的加强，人们在对博时的注意力及胜负判断开始集中在掷箸(即掷骰子)这一环节上，这时的"博"与"赌"渐渐同流合污了，由先前的"善博受人尊重"而发展为"遭世人厌恶"，所以，西晋以后六博便销声匿迹了。

（段跃辉）

新莽墓中的宴乐图和庖厨图

在中国古代,宴饮不是简单的吃饭喝酒,而是维系情感、表现礼仪的一种重要方式,有着极其深刻的文化内涵。偃师市辛村新莽壁画墓中的"宴饮图""乐舞图""庖厨图",为人们展现了两千年前的贵族宴饮场面,从中能窥见古代的诸多礼仪。

新莽墓中的宴乐图和庖厨图,绘于墓室的墙壁上,共有男、女主人宴饮图、乐舞图和庖厨图四幅壁画,每幅壁画高 0.41 米,宽 0.45 米。

庖厨图和男主人宴乐图位于西壁。庖厨图(图1),中间是一位厨师,他坐在案前,手持长刀在切着食物,他的上部悬挂着鱼、老鳖和羊腿,右边有一人正在从地上的盆中舀取食物,两人的身旁各有一摞待用的耳杯和几个已盛好食物等待端上宴席的托盘,画面的下部是两名手托托盘运送食物的仆人。男主人宴乐图(图2),画面上有7个

图1　偃师市辛村新莽墓中的庖厨图

人物，分成3组，上部是画有紫色花纹的幔帐，幔帐下右边一组是两位男宾正在行令拼酒，他们中间的地上放着盛酒的圆樽；左边一组绘一主一仆，主人似乎是喝多了酒正在呕吐，旁边的仆人小心翼翼地搀扶着他；下部描绘的是两位男宾在玩六博棋，左边男宾身后有一名抱着乐器的童子。

图2　偃师市辛村新莽墓中男主人宴饮图

女主人宴乐图和乐舞图位于东壁。女主人宴饮图（图3），上有9人，分为四组，画面右边的上、下两组描绘的内容一样，绘仆人给女宾盛酒；上部左边一组是两位女宾正在行令拼酒；唯下部左边的一组三人，形象特别，中间为醉酒的主人，她在两个侍女搀扶下左摇右晃地准备离开宴席。乐舞图（图4），绘出十几个人物，人物的排列方式是以中间一男一女两位舞者为中心环状排布的，尽管人物众多，但根据人物比例大小我们可以确定，画面的上下两排是主

图3　偃师市辛村新莽墓中的女主人宴饮图

席,坐在那里的人是观看歌舞表演的主人及嘉宾,他们在仆人的殷勤侍奉下,或在行令饮酒,或在高谈阔论,好不快意热闹!左右两边的人是为歌舞表演伴奏的乐手。画中舞蹈女子所表演的舞蹈是汉代非常流行的"长袖舞"。

图4　偃师市辛村新莽墓中的乐舞图

四幅壁画以现实生活为描摹对象,生动活泼,写实性强。

古人说"夫礼之初,始诸饮食",饮食中包含着丰富的礼仪要求,深刻影响着人们的生活方式。我国古代的礼仪要求主要记录在《仪礼》中,共记载了十五种礼仪,其中的"乡饮酒礼"就是用于宴饮的礼仪。它不仅对当时的宴饮起到指导和约束作用,许多规则直到今天仍然适用。比如人们常说的"筵席","筵"是苇蒲编织物,"席"为草或者皮料编织物,席置于筵之上而称为"筵席",至今人们还在说的"宴席"、"入席"即是由此而来。古人实行分餐制,每人都有自己的餐桌餐具,独自享用,干净卫生。筵席中用餐的顺序有严格规定,先食后饮,先菜后肉,先饭后果品。席间饮酒助兴是必不可少的,主人向客人敬酒,称之为"献",主人劝客人喝酒称为"酬",客人向主人敬酒称为"酢",客人独酌称为"醮",古人喜欢罚人喝酒称"浮"。虽然与今天酒席上叫法不同,但是主客之间敬酒仍然是现代人表现礼节的重要方式。

宴饮过程中一定要有音乐、舞蹈,这能使人精神振奋,心情愉悦,从而增加食欲,利于食物消化吸收,于身心大有益处。古代人懂得这一道理,故早有"以乐侑食"之说,于是宴饮壁画中出现歌舞表演场景不足为奇。但在各种宴席中,不合礼仪的举动却也时常可见。您瞧,图3中的女子衣带宽松,醉意朦胧,左右摇摆,已不能自持,两边的仆人急忙殷勤相扶,动态逼真。虽行为不符合礼仪规范,却于平淡无奇中增添了谐趣,让人观后难以忘怀。

古代人们在筵席上吃什么,这是人们想知道的问题。庖厨图为观者展现了此次宴饮中的主要食材,庖厨身后的墙上悬挂着鱼、鳖、牛羊腿一类的肉食。原来汉代人的食材已经如此丰富,足见墓主人生前生活的富足。

这些壁画不仅是当时贵族生活的生动再现,而且诠释了中国古代礼制,对今天的饮食文化影响深刻,也是这几幅壁画的魅力所在。

(段跃辉)

车辚辚 马萧萧

——东汉出行图

在中国古代,车马是贵族出行时重要的交通工具,历朝历代对车马出行制度有着严格的等级规定,不同级别的官员出行时车马的数量、车上的装饰和随从人员的多少不同。就是说,要了解一位官员的官职大小,只要看一看他出行时用什么样的车子,有多少马匹、侍从就可以了。今天,人们不妨从1984年发掘于偃师杏园村东汉壁画墓中的"车骑出行图"去了解当时的官员等级和乘车制度。

这是一座东汉时期的大型砖石结构墓,壁画绘制在前室的西南北三面墙壁上。全长12米,宽0.6米,白灰涂底,上下以两条红线为界,主要用红黑两种颜色绘制出九辆马车、七十多个人物、五十余匹奔马,壁画内容大致分为引导护卫人员、墓主人和家眷随从三部分。出行队伍中有步行的,有骑马的,有驾车的,有坐车的,有骑马前后巡视的护卫,有手里拿着旌旄、便面等仪仗用具的仪卫,分工明确,配置合理,有着一定的规制。人物马匹都呈现出极强的动感。

整个出行队伍中共有九辆马车,其中第四辆马车最为醒目,是红色盖顶,其余八辆均是白色,车上坐两人,左边一人身穿红色袍服,神态气度与众不同,无疑就是墓主人,右边一人是手拉缰绳的车夫。在墓主人车前还有三辆马车,它们是史书中说的"三车导",上面乘坐的是级别稍低的官员,他们的职责和任务是为第四辆车

偃师市杏园村东汉壁画墓中的出行图（局部）

开路，并且保证主人及其家眷出行时安全顺畅，相当于今天的警车开道，警力护卫。想想看，这是何等的显赫与排场。这"三车导"制度可不是所有官员都能够使用的，必须是"二千石及二千石以上官员"。在东汉时期，官员们的俸禄除了发铜钱、绢帛外，还发放粮食，一石相当于一百二十市斤，那么两千石就是二十四万斤粮食，有专家推测当时这"二千石"的俸禄相当于现在部长级别的官员似乎也不为过。

时光荏苒，这支代表着墓主人显赫地位的出行队伍，从遥远的东汉时期带着满满的历史信息走到了今天，让人们在了解东汉时期人们装束打扮的同时，更印证了文献记载中乘车制度的真实性和可靠性。

（段跃辉）

二龙穿璧

图1 新安县磁涧西汉墓中的玉璧

龙和玉璧是两汉之际墓葬画像中常见的物象,它们或独立出现,或两者互相缠绕共同出现,不管哪种形式,它们所具有的避除不祥、引魂升仙的功能毋庸置疑。

龙的神性前文已经介绍,现在说说玉璧。玉璧,是古代礼制活动中非常重要的玉礼器之一,主要在祭祀活动中使用。"国之大事,在祀与戎",祭祀对古人来说是最重要的事项之一,而祭天是重中之重。拿什么祭天呢?是玉璧。在古人的意识中,玉璧是天人沟通的媒介。所以,记载古代礼仪制度的典籍——《周礼》中有这样的话:"以玉作六器,以礼天地四方。以苍璧礼天,以黄琮礼地……"后来的人们认为玉璧不仅能够通天,而且还能令死者尸体不朽。基于这种认识,墓葬中出现玉璧实物或画像就很好理解了。

玉璧在洛阳的墓葬壁画中有独立出现的,如新安县磁涧西汉墓壁画(图1),但更常见的是玉璧和龙的组合形象,这样的组合有个名称,叫做二龙穿璧。二龙穿璧画面中通常有两条龙和一块或几块玉璧,龙璧互

图2　洛阳市金谷园新莽墓中的二龙穿璧

相缠绕。发现于洛阳市金谷园新莽墓中的一幅壁画是二龙穿璧画像中最精彩、最典型的造型之一(图2)。壁画中有两龙四璧和祥云,两条龙一雌一雄,分列左右,以向上飞腾之势穿过位于左右两边的玉璧,龙头在上方相会,张口含托上方的玉璧,龙尾在下方相交,可能是画工的失误吧,两条龙尾没有穿过位于下方的玉璧。

二龙穿璧画像寄托和表现了古人追求死后升仙的强烈愿望。玉璧是人们献给上天的礼物,当然数量越多天神越高兴,这样上天之路肯定会更加畅通。所以,人们看到画像中玉璧的数量在不断增加,西汉时期一块,新莽时期四块,东汉时期数量更多,而且这些玉璧要由神龙护送,以表现汉代人对升仙的迫切渴求和为达到这一目的所花费的巨大"心机",真可谓用心良苦。

让我们为古人那种渴望超脱世俗间的生死轮回,多份理解和祝福吧!

(吴小苗)

汉墓壁画中的"刀光剑影"

图1 洛阳市道北石油站东汉壁画墓中弓韣图

"暗淡了刀光剑影,远去了鼓角铮鸣",冷兵器对于今天的人们也许有些陌生。但是,在火器产生以前数千年的古代社会,无论对于国家还是个人,无论是在战争还是狩猎,冷兵器都是必不可少的物品。今天,我们就来看一看在洛阳地区出土的汉代墓葬壁画中所出现的几种武器。

为什么要单单关注汉代壁画中的武器,而不是魏晋抑或唐宋以后壁画中的武器?这就要提到汉代人的思想观念。秦汉上承春秋战国时期,故而在战国末期兴起的阴阳五行之学持续的影响到了秦汉人的观念中,由此形成了当时追求"死后升仙"、"长生不老"的社会风气,最典型的例子就是秦始皇、汉武帝的求仙故事。这样的观念反映在墓葬中,就形成了一套系统和完整的壁画图像体系,表达了深邃而复杂的丧葬观念和信仰。我们今天所关注的壁画中的武器,就是出现在这样的信仰背景之下。所以,武器在汉墓壁画中出现不仅仅是装饰,而且有更加深层的思想寓意。

我们来具体地看几例汉墓壁画中出现的武器。在洛阳市道北石油站东汉壁画墓中，有一幅"弓韣(dú)图"格外引人注意：此图上部绘有一把黑弓，弓下悬挂一浅褐色旌旗状的织物(图1)。这种弓和旌旗的组合，在当时具有特殊的涵义，可能是用来射杀天上的妖星——"天弧星"的，所以，这一幅"弓韣图"的御凶镇邪的象征意义不言而喻。此外，在西汉卜千秋墓

图2　西汉卜千秋墓中的男主人

中的壁画上，也有弓的身影出现：在绘有墓主夫妇的画面中，男主人足踩神蛇，手中持有一把弓(图2)。汉代人认为通向天国之路必定是坎坷的，所以在升仙的过程中，不仅要有神兽护驾，而且同时给墓主人配上了一把弓，既能够射杀拦路奸人，又能御凶镇邪。

当然，汉代壁画中所见的武器不都是具有那么高深莫测的含义，在一些写实的场景中，武器忠实的发挥着其原本的作用。比如在烧沟61号西汉壁画墓中著名的"二桃杀三士"图，就展现了公孙接、田开疆、古冶子三名猛士横剑瞋目，争功夺桃的场景。其中三位猛士每人手中都握有一柄长剑，更加突出了画面气氛的紧张感，很好的烘托出了故事的氛围。此外，在八里台西汉壁画墓的壁画中有大量武器出现，如棨(qǐ)戟和斧头等。

《左传》中说："国之大事，在祀与戎。"而戎之大事，则在于锋利的兵器。所以，可别小看古人的"刀光剑影"，其中所关系的，不仅是生离死别，还有江山安危、社稷存亡。

（崔启龙）

清谈家的风流雅器

——麈尾及其用途

偃师市朱村曹魏壁画墓中的麈尾图

在洛阳的一座东汉末年至曹魏时期的墓中有一幅"宴饮图"壁画,壁画右侧的一名男侍手中拿的一件物品十分引人注目。经考证,这件形似扇子的物品就是魏晋时期深受文人雅士喜爱的雅器——麈尾。

为什么叫麈尾?它有什么用途?要说清这些问题得从魏晋时期崇尚"清谈"的社会风气说起,而魏晋时的清谈源于东汉末年的"清议"。

清议兴起于东汉末年。东汉桓帝、灵帝时期,宦官控制朝政大权,各级官员的选拔和任命均由宦官裁夺,他们当然只任用自己的亲信了。这一做法严重剥夺了许多儒生(读书人)进入仕途的机会。这时期,仅京师的洛阳太学就有三万多学生,各郡县的学生也很多,他们因为上进无门,就与官僚士大夫联合起来,在朝野形成一股庞大的官僚士大夫反对宦官专权的社会政治力量。他们反对宦官专权的一种方式就是品评人物,即颂扬品行高尚的官员、文人,批评专权乱政的宦官,这一方式就叫清议。曹魏政权建立后,在选用人才方面一定程度上继承了汉代的清议之风。后来由于司马氏与曹氏的权利之争异常激烈,清议时再谈论政治、品评人物就有可能招来杀身之祸,所以,文人士族相聚时就不谈国事,只谈《老子》《庄子》和《周易》玄学了。清议变成了清谈。麈尾就是在清谈活动中产生的一种雅器。

麈尾,是用一种叫做"麈"的动物尾巴上的毛做成的。"麈"是鹿的一种,体型大于鹿,麈与群鹿同行时,麈摇动尾巴,以指挥鹿群的行动方向。

关于麈尾在清谈中的用途,从后世文人写的文章中可知其详情。东晋名士王导和许询分别写有《麈尾铭》和《白麈尾铭》两篇文章,从中可知麈尾是清谈活动中"君子"手中把握的既能拂去污秽、扇凉清暑,又能助其思考辩论的重要道具。这个道具不是所有参加清谈的人人手一把,它既然被称作麈尾,当然只有清谈高手——即领袖级的人物才能持有。

壁画中的这柄麈尾,至少向人们透露出两点信息:第一,墓主人应该是一位善于思辩的清谈家;第二,这座墓葬的年代是曹魏时期的可能性更大一些。

(朱海燕)

话说"帷幄"

"运筹帷幄"这个成语,大家一定不陌生,它出自汉高祖刘邦之口,是夸赞为他夺取天下、建立大汉王朝立下卓越功勋的智囊张良的。那么,什么是帷幄呢?查一下字典,知道帷幄就是用布帛围成的帐子。帷幄很早就出现了,是古代王公贵族日常生活中必不可少的用具之一,通常与屏风、床榻、几案共同使用,构成一处相对隔绝、私密的空间,供人们会客、宴饮、议事或休憩。帷幄分为室内和室外两种。室外帷幄是王公贵族出游、狩猎、行军作战等活动搭建的临时起居、指挥之所。"运筹帷幄"中的"帷幄"指的是室外的军帐。

在洛阳的古墓中,不仅发现有搭建帷幄的构件实物,而且发现有表现帷幄的壁画。图1是一幅反映汉魏时期贵族优越、高尚生活的宴饮壁画,壁画中的帷幄清晰、完整,向人们展现了汉代帷幄的一种形制及其使用方法。图中是一副四方形平顶帷幄,顶部覆盖着褐底银花的帷布,并在左、前、右三面自然下垂,边缘被裁剪成极具动感的连弧状。从图中可以看出,在帷幄的四角有四根立杆,立杆的上部

图1 偃师市朱村曹魏壁画墓中的帷幄

有横杆,以支撑帷布。四角立杆和顶部横杆是怎样结合的,因为被帷布遮盖,人们不得而知。但是从洛阳一座曹魏墓葬出土的一组帷帐构件实物,我们可以推知壁画中帷幄支撑杆的结合

图2　帷帐构件复原示意图

方式。曹魏墓出土了九件铁质帐构,帐构由三至四个圆管组成,在每个圆管中都残留有尚未腐朽的木头,这说明这些帐构是用木杆相连的。经文物工作者研究,复原了帐架的结构(图2)。在这样的框架上蒙上帷布,一个结实耐用、拆装移动方便的帷幄便形成了。与壁画中的平顶帷幄不同,曹魏墓中的帷幄是方锥形的。

　　此外,在洛阳发现的北魏抚军将军王温墓中有一幅壁画中绘有帷幄,壁画保存状况不好,但图中帷幄的形象清楚,帷幄是四方形的,屋脊形顶,除了正面,在顶部和左后右四面都有帷布,左边的帷布上还开有窗口,四角的立杆底部呈锚状,以保证帷幄的稳固性。更有趣的是,在帷幄周围画有假山、树木,说明这是一座室外帷幄。

　　看着设计精巧、使用便利的帷幄,我们怎能不为先人的聪明才智而骄傲呢!

(宫万松)

古人生活中的案

古代文人笔下信手拈来的"举案齐眉"的典故,早已家喻户晓,它说的是东汉梁鸿夫妇非常恩爱,相敬如宾的故事。

案,是古代人们进食、读书写字时使用的家具,有有足和无足之分,无足为盘,有足为案。

举案齐眉中的"案"指的是食案,主要用来盛放饭碗食物。食案有大小之分,案的规制因人而异,汉时实行分餐制,宾客用餐时每人一份,相对于主人而言,宾客使用的案要小许多,而且菜肴的数量也大大减少,表现出较大的地位差异。

另外一种较常见的案为书案,顾名思义,就是读书、写字所用的案。这种案比食案要高,案面平整,案足宽大,案腿不在四角,而在案的两侧向里收进一些的位置上。案腿大都造型独特,在雕饰方面尤为重视。日常可放置文房四宝,方便读书写字。还有一种叫奏案,比书案还要大,是专供帝王接受奏章和各级官吏升堂处理政务时所用的。《东观汉记》清楚地记载着把奏案当做食案用的事例,说明这种较大的案实际上是一种有多种用途的家具,比如有人把大案铺上毡子,供人坐着或者睡觉,类似床的作用,就是俗称的"毡案"。

案的样式、材质很多,有木案、漆案、铜案、陶案等。不同材质和制作工艺的案,具有表示等级、尊卑的功能。贵族人家多使用漆案,案上用红、黑色的大漆装饰全身,再描绘花纹,花纹主要有几何纹、

偃师市朱村曹魏壁画墓中的案

云气纹、雷纹等图案。几何纹代表花草，表现出对自然的崇尚；云气纹代表天空，表现出对宇宙的崇拜；雷纹则隐含驱灾避祸的吉兆。湖南省长沙市马王堆一号墓出土的云纹漆案，制作精美，色彩鲜艳，表现了汉代工匠高超的工艺水平。

洛阳市出土的壁画墓中有案的形象，曹魏朱村墓中的宴饮图壁画中出现了两个案。这两个案，一大一小，形制类似，经过考证，大案被认为是桯，充当宴饮时摆放食物的食案，两旁部分看似是可折叠的，两头顶端加有挡板，防止餐具滑落，足下有斜栏，且为曲弧形，由此支撑地面，与案中间部分相连，十分稳固。大案上放置一个小案，从小案上的摆设看，应为书案。

此外，在考古发掘中，出土了案的实物，更加直观地证实了古书上的记载，丝毫不差地表明案在古时是相当流行的。

（李　萌　宫万松）

北魏元怿墓武士图

元怿是北魏孝文帝的第四子,被封为清河王。据文献记载,元怿文采出众,善于决断,为人正直,在当时有很高的威望。宣武帝(元怿的哥哥)驾崩后,刚满五岁的孝明帝继位。由于皇帝年幼,朝政大权由孝明帝的母亲胡太后执掌。作为朝中重臣和孝明帝的叔叔,元怿倾尽全力辅佐朝政,对贪赃枉法、败坏纲纪的官员严惩不贷,因此得罪了不少人,其中就有胡太后的妹夫元乂(yì)和深受胡太后宠信的宦官刘腾。

孝明帝正光元年(公元520年)七月,元乂、刘腾收买宫中负责皇帝饮食的主管胡定,胡定诬陷元怿企图毒死孝明帝。年幼的明帝听信了谗言,下诏杀害了元怿。元怿被害时年仅三十四岁,消息传出后,天下震惊。到孝明帝孝昌元年(公元525年),胡太后重新执政后,为蒙冤而死的元怿平反昭雪,重新为他修建了规模宏大的陵墓,并在墓中绘制壁画。

1991年考古工作者对元怿墓进行调查时,发现该墓早年多次被盗,墓室中的壁画已被毁坏,而甬道两壁的壁画保存相对完整。甬道两壁各绘两名武士。其中东壁南侧的武士保存最完整,武士身高约1.74米,戴白色小冠,头向墓道方向微侧,上身穿广袖衣,外罩裲裆甲,下穿白色缚腿裤,脚穿麻鞋,双手置于胸前,挂一柄黑色长剑,形象端庄威严。

武士的服装看起来有些奇特。北魏孝文帝于公元493年迁都

北魏元怿墓中的武士图

洛阳后,为了加快鲜卑族人的文明进程,实行了一系列的汉化政策,其中有一条是禁穿胡服。从文献资料中得知,鲜卑人的传统服饰是"编发左衽",身着"袴褶"(kù xí)服。编发,就是把头发编成辫子。左衽,是指上身衣服的左襟大于右襟,穿在身上的时候以左襟压在右襟之外。这种穿法与汉人右衽(右襟压左襟)的着装习惯正好相反。袴褶服,是上穿褶(窄袖衣裳)下缚袴(裤子),外面不罩长袍。孝文帝进行服饰改革,仿照南朝汉人的服饰为北魏贵族制定了衣冠服饰制度。但在军人武士的服饰上没有规定。从壁画上可以看出,武士的穿着是汉服与鲜卑服"混搭"型的,他头上的小冠和上身的广袖衣服是汉人的服饰,但下身的缚腿裤则是鲜卑族袴褶服的服饰。"袴褶"服中裤装方便日常行动,有利于行军打仗。

从元怿墓武士的着装,人们看到北魏孝文帝施行的服饰改制政策,并不是单纯的汉化,而是根据需要,因地制宜,把本民族服饰中合理的部分继承保留下来了。

(郭开红)

北魏元乂壁画墓

这幅绘于公元 526 年的天象图壁画出自北魏元乂墓。元乂墓规模较大,地面上有高大的封土,地下有宽大的墓室,墓室长宽有 7 米多,高 9.5 米,墓顶是圆形的穹隆顶,天象图壁画就绘在墓顶部位。壁画的直径近 7 米,画中绘出 300 多颗星星,有些星星之间还有直线相连,在壁画正中有一条纵贯南北的淡蓝色色带,那就是银河。图中的许多星宿,如北斗、轩辕、北河、南河等可以准确辨识。据天文学家研究,这幅天象图可能是对照当时的实际星空绘制的,它反映的是阴历正月或七月的夜空。

我们能够知道这幅壁画绘制的准确时间和拥有这幅壁画的主人的姓名,是因为北魏时期流行在贵族墓中放置记录墓主人姓名、家世、生平的墓志,这座墓出土了一方墓志。

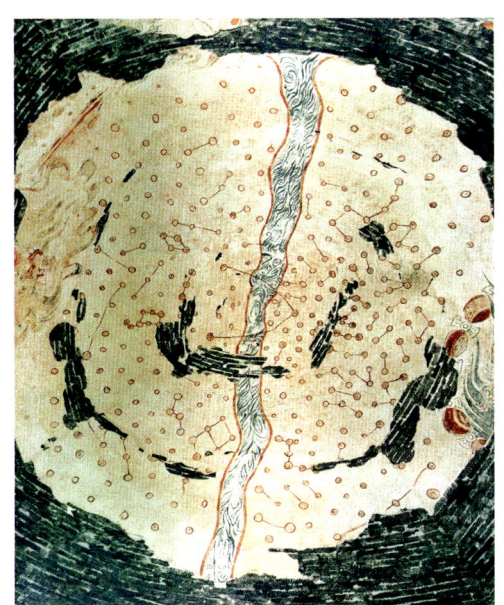

北魏元乂墓中的天象图

这方墓志非常大，正方形，长宽81厘米，上面刻了1600多字。阅读墓志，人们知道墓主人名叫元乂，生于公元485年，是北魏皇室的嫡系子孙。查阅史书，元乂在古代正史——《二十四史》中的《魏书》《北史》和司马光的《资治通鉴》中都有传记，是北魏后期一位赫赫有名的人物。如果以忠奸来论，元乂是个不折不扣的奸臣，是造成北魏后期政治腐败、天下大乱的罪魁祸首之一。元乂因为出身显贵，加上娶了宣武帝的妃子胡充华（后来的胡太后）的妹妹而备受恩宠，尤其是公元516年胡太后掌权后，元乂更是青云直上，官运亨通。有胡太后的撑腰，原本嗜酒好色、贪得无厌的元乂，更加骄横放肆，目无法纪，他甚至在皇宫中设立自己的仓库，收藏珍宝，胡太后对此听之任之，不加约束。只有才德出众、名声很好的重臣元怿（孝明帝的叔叔）依法惩治了元乂，因此元乂对元怿怀恨在心。公元520年，元乂勾结宦官刘腾杀害了元怿，并且不念恩德和亲情将胡太后幽禁在后宫。从此，元乂、刘腾二人控制了年方十一岁的孝明帝，把持朝政大权长达四年，直到公元525年胡太后才设计夺回政权。在元乂专权的四年间，朝廷上贿赂公行，卖官鬻爵，对百姓横征暴敛，致使政纪废弛，民怨沸腾，天下混乱。胡太后重新掌权后，念及姊妹之情，只将元乂革去官职贬为庶民，直到公元526年三月，因民愤极大和百官请求，胡太后才将元乂处死。在安葬元乂时，又追封元乂为江阳王，赏赐大量的钱财，并按王礼埋葬了他。所以元乂墓不仅规模较大，而且绘有壁画。如此"豪华"的墓葬当然需要几个月才能建成，所以可以确定，这幅天象图反映的一定是阴历七月的夜空。

（白隆升）

唐墓壁画中的驼马出行图

唐代安国相王孺人唐氏墓中的驼马出行图

这幅驼马出行图出自一座唐墓，由墓中出土的墓志得知，墓主人是唐代安国相王的孺人唐氏，墓葬的年代是唐中宗神龙二年（公元706年）。安国相王就是后来的唐睿宗李旦，孺人，在唐代是对皇室宗王之妾的称谓，官职相当于三品。

唐代高等级的墓葬一般由长长的斜坡墓道、过洞、天井、甬道、墓室等几部分组成，它模拟贵族府邸宅院的结构布局而设计建造，其中墓道部分相当于府宅的大门以外，过洞天井部分象征府宅大门之内的重重院落，甬道和墓室则相当于主人起居的内宅。每一部分绘制不同题材内容的壁画。通常墓道两壁绘出行仪仗图，过洞天井两壁绘仪卫武士图和男女侍从图，甬道和墓室绘与主人家居生活有关的壁画。

驼马出行图有两幅，它们左右对称地绘在墓道的东西两壁，长4.5米。两幅图的内容和布局相同，均由三名驭者、两匹马和一头骆驼构成，出行方向是朝向墓外。图中人物、马匹和骆驼的尺寸和真人真物相差无几，画幅巨大，气势壮观。

其中最引人瞩目的是牵驼控马的两名胡人。牵驼图中的那名胡人，头戴尖尖的卷沿胡式毡帽，身穿翻领窄袖袍服，脚蹬黑色高靿靴，是典型的胡人服饰。再看他的长相，浓眉深目高鼻阔嘴，还有连鬓卷曲的络腮胡子，"眼睛深似湘江水，鼻孔高于华岳山"，唐代诗人陆岩梦的诗句可谓贴切、写实。他身后的那头骆驼高大雄健，驼背上载着的似乎是盘好的丝束。牵马图中的驭者也是一名胡人，但他的穿着却完全是汉人的装束，头戴幞头，身穿圆领袍服，牵着一匹五花马。两幅出行图中，除了骆驼背上驮有货物外，其他的四匹马虽然辔头、鞍鞯、障泥齐全，但都没有驮运货物，更没有乘骑的人。

出行图，早在汉代就是墓葬壁画中非常流行的题材内容，它一般由车、马、人物组成。人物有步行者、骑马者和乘车者，墓主人通常以乘车者的形象出现在画面中。出行的目的地有两个，或是去祠堂享受子孙的祭祀，或是到天界。出行图一直是后代墓葬壁画经常表现的内容，只不过，同一母题的绘画，在成百上千年的流传过程中，其内容会随着社会风尚的变化而有所改变。比如，北朝时期出行图中出现的牛车，唐代出现的轿子、鞍马和骆驼，辽代出现的驼车等，但出行图所蕴含的丧葬意义没有改变。

在这两幅驼马出行队伍的前方，分别绘有一只长达六米的在云中飞行的青龙和白虎，这恰好证明这支出行队伍的目的地是天界。

（徐婵菲）

唐代胡人牵驼驮丝绸壁画

这是一幅胡人牵驼壁画,画面正中一匹高大雄健的骆驼昂首挺胸、抬蹄甩尾、阔步前进。骆驼背上,是捆扎好的丝绸卷和胡瓶,前面牵着缰绳的是一名西域人,此人头戴高高的尖帽,身着翻领长衫、腰系黑带,脚蹬黑色高勒靴,高鼻梁、深眼窝、络腮胡、唇红齿白,正迈步前行……这

西壁骆驼

幅壁画画幅巨大、画面完整,是河南古代壁画馆的镇馆之宝,也是洛阳是丝绸之路东端起点的又一条证据,引起国内外专家学者的惊叹和欣赏,曾多次应邀外展。

丝绸之路指汉唐时期中国丝绸西运的途径。据专家考证,早在公元前 4 世纪,中国的丝绸已传至印度及地中海沿岸各城邦国家。但丝绸之路的正式形成,则始于公元前 2 世纪张骞通西域,之

后小断开帕，形成了由西安或洛阳出发，经陇西、过兰州、穿越河西走廊和塔里木盆地，经过中亚，或南下印度，或西往伊朗、叙利亚，直达地中海东岸的一条连接欧亚大陆的交通要道。

作为丝绸之路起点之一的洛阳，曾经出土了大量的胡俑、古代罗马金币、波斯银币和各种异国风格的文物，印证着洛阳与丝绸之路千丝万缕的关系。而这幅胡人牵驼驮丝绸卷的唐代壁画，更是生动再现了各国商人来到洛阳，把一捆捆的生丝和一匹匹绸缎，用麻布和皮革装裹，装上骆驼，然后浩浩荡荡地组成商队，西行走上丝绸之路的场景。

这幅精美壁画上丝卷的发现，是在它埋藏于地下一千三百多年后，在它出土五年之后的2010年。2005年4月，唐代安国相王李旦的孺人唐氏墓被发现，墓道两侧五十余平方米的大型精美出行图壁画震撼了世人。因现场条件所限，一些壁画上存在的土锈难以处理，只能到实验室再清理。2010年，在清理这幅壁画时，一名工作人员突然发现一个墨线勾勒的圆圈状图案，接着是第二个，第三个……这是什么？大家都非常纳闷，原来的发掘报告中没有记录，先前的照片资料中只是一抹泥痕。猜测中，清理工作加快了速度，大家都在关注。直到清理到第五个圆圈，直到清理完后面连着的线条，大家惊呼起来：这不就是一捆驮在驼背上、正准备沿丝绸之路西去的丝绸卷吗？！

在唐代古墓里发现驮丝绸骆驼壁画，这在洛阳还是第一次。壁画是当时社会生活的反映，胡人牵驼驮丝绸壁画的发现，是洛阳为丝绸之路东端起点的又一有力证据。

（杨蕊）

安能辨我是雌雄

　　许多新发现的墓葬壁画，由于受到各种条件限制，在现场只能对壁画做初步清理和加固，更细致的清理、修复工作则是壁画揭取后在实验室内进行的。所以在后期的壁画清理过程中有一些意想不到的惊喜发现是常有的事情。在清理唐代安国相王孺人唐氏墓墓道西壁的胡人牵骆驼壁画时，人们有两个新发现：一是骆驼背上成捆的丝卷，二是骆驼的性别。

　　这幅壁画在清理之前，表面覆盖了一层较厚的、坚硬的钙质结垢物。这种结垢物需要用化学药剂慢慢渗透软化后才能清除。现场清理时人们只是把人物、骆驼的轮廓线和主要线条清理出来，许多局部、细部没有清理。到实验室后，才开始清理局部画面。清理工作

东壁骆驼

西壁骆驼

犹如走迷宫,先找到线索,再顺着线索往下走,慢慢才能弄清楚画的是什么。在骆驼背部和腹部都有很大一片画面被钙质结垢物覆盖着。在这层覆盖物下面是什么呢?在场的每个人都充满了好奇。先清理背部,发现一个一个的圆圈,共有五圈,这是什么?大家急不可待地想知道答案。"清出来了,清出来了,应该是丝绸卷,还用绳子捆着呢。"人们兴奋地跳起来了,情绪一下子高涨起来。这意味着一个新的发现,是洛阳为丝绸之路东端起点的又一个有力证据。在清理到骆驼腹部时,发现有一团黑色,这又是什么呢?联想到曾经养过的宠物狗,推断应该是骆驼的生殖器,"这应该是匹雄性骆驼。""你怎么知道?""你凭什么这样判断?"大家你一言我一语,议论纷纷。"你们见过小狗的生殖器吗?它就是贴着腹部长的。"大家将信将疑,中午去食堂吃饭时,专门去看看单位里养的狗,这才相信这匹骆驼是雄性的。

整幅壁画清理完之后,我们把它与已经清理好的、位于墓道东壁的另一幅胡人牵驼图比较,发现两头骆驼有差别:东壁的骆驼个头小,体格略显柔弱,西壁的骆驼体形稍大,强壮有力,最重要的是,东壁骆驼有两个乳头,而西壁骆驼有外露的生殖器,原来他们是一雄一雌啊。多么动人的画面!多么美好的故事!这两头雌雄骆驼相伴相随了一千多年,仿佛正在穿越悠悠的时空隧道,缓缓向我们走来,向人们讲述它们的故事、讲述曾经繁华热闹的东都洛阳……

亲爱的读者,若不仔细观察,您能识别它们的雌雄性别吗?

(丁永俊)

唐墓壁画中的侏儒

在墓葬壁画中绘出男女侍者形象是非常普遍的现象,但到了唐代,在侍者队伍中出现一个新的种类——侏儒。

侏儒,是指身材异常矮小的人。侏儒一词最早出现在春秋战国时期的史书中,当时的一些王公贵族因为蓄养侏儒以供取乐、解闷,受到当时人的批评,以至于随后的几个世纪中有关侏儒的材料发现的不多。但到了唐代,侏儒突然又多起来了,不仅史书、诗歌、唐人笔记中有记载,而且还有大量的实物出土。出土的实物主要有俑类和壁画两种,侏儒的形象非常生动、写实。

洛阳的唐代安国相王孺人唐氏墓中发现两幅绘有侏儒形象的壁画。与侏儒站在一起的是一名侍女。侍女头部不存,身穿长裙,外披披帛。侏儒头戴黑色幞头,身穿圆领袍服、长裤,足蹬黑勒靴,其身高仅到身旁侍女的腰部。

侏儒的功用与以前一样,是供主人取乐的。他们主要以滑稽的动作或幽默的言辞逗主人开心,间或做些杂役,有的还充当肉儿,供人踩坐。总之,在古代,侏儒的身份地位低下,境遇悲苦。

唐代社会安定、经济繁荣,人们的生活相对比较富裕,那些王公贵族的生活更是奢华、享乐。唐代贵族的日常娱乐、消遣活动种类众多,如打马球、狩猎、出游、聚会宴饮、听歌观舞等,蓄养侏儒取乐成为当时贵族的消遣活动之一,但由于侏儒的数量有限,并不是所有的人都能得到。

唐安国相王孺人唐氏墓中的侏儒图

关于侏儒的来源，由史书记载可知有进贡和贩卖两种途径。贩卖，是西域商人从国外购买带到中原出卖。进贡就是由西域和唐朝地方进贡朝廷。唐朝地方向朝廷进贡侏儒的事情在《旧唐书》中有记载：道州每年要向朝廷进贡一定数量的矮奴。道州，即今天的湖南省道县一带，矮奴即指侏儒。在唐德宗时，一位名叫阳城的人出任道州刺史，他对这种不人道的做法十分愤慨，多次上书朝廷要求停止进贡矮奴，几番周折后最终获准。道州民众为了永远记住阳城的恩德，给新生的男孩起名都带一个"阳"字。著名诗人白居易听说了这件事，写下《道州民》长诗来称颂阳城，诗中有："道州民，多侏儒，长者不过三尺余。市作矮奴年进送，号为道州任土贡。任土贡，宁若斯，不闻使人生别离，老翁哭孙母哭儿。一自阳城来守郡，不进矮奴频诏问。"

（戚雪娟）

沿袭千年的幞头

洛阳唐安国相王孺人唐氏墓墓道出行图壁画中有一名牵马人物，他头裹黑色幞头，身穿翻领黄袍，腰束带，着紧身裤，脚穿黑色长靿靴。人物形象高大，衣服色彩艳丽。他所戴的幞头描绘的非常清晰细致。

进入南北朝以后，由于北方少数民族入主中原，在民族大融合过程中，汉人服饰受到少数民族文化的冲击，有了很大变化，幞头就是这一时期发明的。它最早出现于北周，北周武帝被认为是幞头的发明者。到了唐代，幞头开始流行，成为唐代男子的常服，上至皇帝下至庶民均可戴服，样式随着时间的推移而多有变化。

幞头初以纱罗为之，后因其软而不挺，乃用桐木片作一山子衬在纱内，使顶高起。山子起初是平头的，以后逐渐变高、变圆、变尖。

唐代幞头脚处于不断改变之中。初唐时期两根带子自然垂下，或至颈，或过肩，此后两根垂于脑后的带子加长，打结后可作装饰，称为"长脚罗幞头"。中唐时期两脚渐渐缩短，下垂至肩的已经很少，有的还将两脚反曲朝上，插入脑后的结内，从侧面露出二小角，起到装饰作用，中晚唐时期，出现一种"硬脚幞头"，即在幞头的双脚之内，加进丝弦之骨，使之坚挺，两脚上翘，犹如一对硬翅，故名。

五代帝王幞头以漆纱为之，两脚朝天。两宋时期，幞头成为礼服中的主要首服，直脚加长的幞头，即展脚幞头，是两宋官服中通用的式样。明代百官公服所用幞头沿袭宋制，两脚平伸，幞头脚比

唐安国相王孺人唐氏墓中头戴幞头的胡人

宋代减短变阔。

　　幞头脱戴方便,华贵中显得活泼,是汉民族服饰的一颗璀璨明珠,沿袭的时间长达一千余年,虽然今天已经退出历史舞台,但睹物思人,幞头仍能唤起人们内心深处依依不舍的历史情结。

（丁永俊）

唐墓壁画中的胡瓶

唐代是中国历史上最为开放的王朝之一,曾与三百多个国家建立了外交关系,它热情积极地欢迎并接纳世界各地的文化以及反映其文化品位的器物,使得古代中外文化交流达到最鼎盛的时期。这一文化现象在唐墓壁画中有所反映,胡瓶就是一个例子。那些造型不同的胡瓶真实生动地反映了外国器物在唐代中国的流传情况,在传入中国的外来器物中,胡瓶虽然不是数量最多的,但却是被模仿最多的。

在洛阳唐代安国相王孺人唐氏墓中,墓道西壁绘制有胡人牵骆驼的形象,在骆驼的背上,不仅承载着丝绸,还背负着一件胡瓶,这件胡瓶短颈、厚唇、无把、圆鼓腹、平底,颜色为白色(图1)。在第二天井东壁绘制一侍者,手提长颈胡瓶,此胡瓶为细长颈、鸭嘴式的尖嘴,圆鼓的腹部、高圈足向外微撇,瓶把手较长,自颈下至腹部,在颈腹部间和圈足上有花瓣样纹饰(图

图1 胡瓶

胡瓶不仅出现在壁画中,而且还出土有大量实物。

胡瓶是指一种外国宴饮容器。"胡"有很多种解释,笼统地说是指外国或异族。美国著名汉学家和语言学家谢弗认为:"胡"在中国古代专门指中原王朝北方边境地区的邻人,但是在中世纪时,包括在唐代,"胡"主要指称西方人,特别是用于称呼波斯人、天竺人、大食人及罗马人等。因此,这一时期从以上地区传入的壶瓶泛称胡瓶。丝绸之路开通后,中外贸易日渐繁荣,大量的外国器物进入中国,胡瓶也在其中。汉唐时期,长安、洛阳及周围地区成为外国器物的汇聚地和中转站,包括胡瓶在内的外国器物经由长安、洛阳向东流传,一直到日本和朝鲜等国。胡瓶的流行时间很长,流传的地域很广,在罗马、希腊、埃及、伊朗、俄罗斯草原、中亚地区、中国、日本、朝鲜都有所发现。到了唐代,随着胡瓶数量的不断增多,使用范围不断扩大。安禄山在唐朝天宝九年(公元750年)入朝的时候,向唐玄宗进献金银器物,其中有胡瓶两件。可见,胡瓶已经成为唐代贵族阶层的日常生活用品,而一般的平民百姓无钱无权享用金银制品,纷纷使用陶瓷和三彩模仿品以赶时髦。

图2 胡瓶

(张 莹 张新宇)

唐墓壁画中的弓韬

2005年在洛阳市新区翠云路建设中发掘清理了两座唐墓（唐安国相王孺人唐氏、崔氏墓），墓中壁画有两个人物引起了人们的关注，其一是唐氏墓墓道东壁北端的人物，身高1.4米，头裹幞头，身穿桃红色圆领宽袖长袍，腰束带，足穿深灰色长靿靴。在他的腰间，右边佩箭袋，左边挂一个虎皮纹弯月形的器物。其二是崔氏墓墓道东壁北端的人物，此人头部脱落，残高1.4米，身穿橙红色交领束腰短袍，下着长裤，脚穿黑色长靿靴。右手持弓，在腰间左侧佩箭袋，右侧挂一个鹰头虎纹弯月形器物（如图）。

根据这两个人所处的位置和衣着装备，人们可以确定这二人是仪卫武士。而最令人感兴趣的是两名武士腰间佩戴的虎纹弯月形物品，这些弯月形

唐安国相王孺人崔氏墓中的弓韬

物品是装饰品吗！还是武士们的猎物呢？经过研究，我们认为这是装弓的袋子，它的名称叫韬，也叫韀(jiān)或韔(chàng)。

弓韬在古代是一种常见的军事装备，它一般用木、革、兽皮、鲨鱼皮制成，弓韬分为三部分：韬口、韬身和韬底。目前，人们所见到的弓韬有四种：长筒形、三角形、刀把形和弯月形。

在中原地区见到的最早的弓韬形象是汉代的，在洛阳西汉画像空心砖和山东孝堂山汉画像石上都出现了弓韬。山东孝堂山的弓韬是长筒形的，韬口比较小。到了魏晋南北朝时期，弓韬的形状大多为三角形或刀把形，弓身不能全部纳入，外面会露出很长一节弓杆，韬口较大，制作材料大多是皮革。隋唐时期，弯月形弓韬开始在中原地区流行起来。弯月形弓韬的种类比较多，装饰丰富，有的弓能够全部纳入弓韬中，有的弓不能全部纳入弓韬中，有的在弓韬口处有丝带，可将其系住。这种弓韬韬身比较窄，所纳之弓通常为弛弓，即弓弦没有拉紧的弓。崔氏、唐氏墓中的武士所佩戴的弓韬，就是弯月形的弓韬，韬身用虎皮制成，韬底为鹰头，这种弓韬在当时被称作虎韀豹韬。

弯月形弓韬出自西亚的波斯安息帝国，它是经丝绸之路传入中国的。弯月形弓韬在西安市发现多例，在洛阳市还是首次发现。这为人们研究洛阳古代军事用具提供了可靠的实物资料，也从一个侧面证明了洛阳是丝绸之路上一座非常重要的城市，体现了隋唐时期洛阳与西域的往来关系。

（苏东黎）

唐墓壁画中女子的面妆

参观过河南古代壁画馆的游客，无不被来自安阳的唐代赵逸公墓的几幅美轮美奂的壁画吸引而驻足长看。壁画中三名女子奇特、甚至有些怪异的面妆，更引起人们的好奇，她们的眉毛画成八字，两腮上有两道红色的斜线（如图），看起来有些悲戚。这是不是为墓葬这一特定的环境需要而特意设计的面妆呢？唐代大诗人白居易的一首《时世妆》诗，为人们解开这个疑团提供了资料。其诗曰：

> 时世妆，时世妆，出自城中传四方。
> 时世流行无远近，腮不施朱面无粉。
> 乌膏注唇唇似泥，双眉画作八字低。
> 妍媸黑白失本态，妆成尽似含悲啼。
> 圆鬟无鬓椎髻样，斜红不晕赭面状。
> 昔闻被发伊川中，辛有见之知有戎。
> 元和妆梳君记取，髻堆面赭非华风。

从诗中人们知道白居易笔下"时世妆"的主要特征是：面不施粉，眉作八字，面画斜红，唇涂乌膏，头梳堆髻，妆成之后面呈苦悲之相。这种装束与人们在壁画上看到的女子的装扮太像了！从而说明壁画中女子的装扮就是流行于唐代中晚期的一种时尚面妆——啼眉妆。啼眉妆是当时贵族妇女最喜爱的面妆，流行区域广大，流传时间长久。

安阳唐代赵逸公墓中的女子面妆

这种现在看起来很怪异的装扮,在当时就引起像白居易、元稹这样的文人士大夫的反感和鄙视。白居易诗的最后四句是:"昔闻被发伊川中,辛有见之知有戎。元和妆梳君记取,髻堆面赭非华风。"其中前两句包含一个典故,说的是东周初年,周平王东迁洛邑时,派大夫辛有到伊川(今洛阳市伊川县)祭祀,辛有见到的已经不是原先的束发跪拜的祭祀礼仪,而是被头散发的戎蛮祭祀礼仪。他感慨地说过去的礼仪都没了,用不了一百年,这里必定是野蛮的狄戎的地盘。果然,不久,这里就归陆浑之戎所有了。以古推今,白居易等人认为这种妆扮不是华夏民族的面妆,它的流行是亡国之象,非常不吉利。

文人的担忧当然阻止不了时尚的流行。白居易的诗写的是唐宪宗元和年间(公元806年—公元820年)的女子面妆,而赵逸公墓的建造时间是829年,距白居易诗的创作时间已有一二十年了,这种装束依然存在。

(丁永俊)

唐墓壁画中的花鸟图

安阳唐代赵逸公墓中的花鸟图(局部)

安阳唐代赵逸公墓中绘有一幅花鸟屏风画。这幅花鸟画画幅宽大,宽 2.82 米,残高 1.35 米,画面被赭红色的方框分成三部分。中间的画面画幅最大,画面中以一个巨大的、装饰着繁缛花纹的金盆或银盆为中心,盆中盛清水,水中漂浮花朵,盆前有三只大雁,盆后有一丛芭蕉,芭蕉两侧绘有雉鸡、黄莺、蝴蝶、蚱蜢等。左右两边的画面画幅稍小一些,都是以一块湖石为中心,左边的画面湖石前面是两只鹁鸽,后面是一丛郁李,郁李两侧有燕子、蝴蝶、蜜蜂等。右边的画面湖石前面是两只鹦鹉,后面是一丛茂密的开着花的不知名的植物,西侧有密峰,整幅画的空白处点缀着诸如蒲黄、蒲公英、车前子等植物。

花鸟画,是一个宽泛的概念,除了花草和禽鸟外,还包括畜兽、虫鱼等动物,以及树木、蔬果等植物,它是中国传统的三大画科(人物、山水、花鸟)之一。历史上记载知名画家及其作品的唐代名著——《历代名画记》中记录了魏晋至隋唐时期有不少画家画过花鸟画,可知花鸟画早在魏晋时期就出现了,至唐代已发展成为一个独立的画科。《历代名画记》记载的唐代知名花鸟画家有十余人,如画鹤的薛稷,画蜂蝶、蝉雀的李逖,画竹石、飞禽走兽的边鸾、陈庶、梁广、刁光胤等。这些画家注重实际观察,对物写生,能够真实地再现自然,他们笔下的形象,生动活泼,惟妙惟肖。中晚唐时期艺术水平最高的花鸟画画家是边鸾,他一生专攻花鸟,据说他能"穷弱毛之变态,夺花卉之芳妍",他将花鸟画提升到一个新水平。后人评价边鸾的画是:"花若迎风袅娜作态,虫疑吸露飞舞翩然,草之偃亚风动,逼似天成。虽对雪展图,以身若坐春和园圃。"可见其画作之精妙。

但传世的唐代花鸟画非常罕见,仅凭文献上的文字描述人们很难领略唐人画作的风采。幸运的是,现代考古发现让人们窥探唐代花鸟画的风貌成为可能。目前已发现十几座唐墓中绘有花鸟图壁画,安阳的赵逸公墓就是其中一座。赵逸公墓中的花鸟壁画是一幅纯粹的工笔重彩花鸟画,画上的禽鸟昆虫无不造型准确、神态生动,树木花草写实逼真、栩栩如生,是一幅水平很高的艺术佳作。

窥一斑可知全豹,看到这幅画,人们完全相信文献记载绝没有夸大其词。

(程沛岩)

唐宋墓葬壁画中的叉手礼

在古代的诗词、小说中，经常提到一种行礼方式——叉手礼，比如唐代诗人柳宗元的诗中有："入郡腰恒折，逢人手尽叉。"古代四大名著之一的《水浒传》中第十五回《杨志押送金银担 吴用智取生辰纲》中有："……梁中书大喜，随即唤杨志上厅说道：'我正忘了你，你若与我送得生辰纲去，我自有抬举你处。'杨志叉手向前禀道：'恩相差遣，不敢不依……'"文字的描述毕竟不够形象、直观，叉手礼是什么样子呢？同为叉手礼，唐代的与宋代的一样吗？从古代的壁画中人们可以了解这些问题。

图1 唐代赵逸公墓中行叉手礼的男侍

图1、图2分别是唐代、宋代的壁画，壁画中有正在行叉手礼的人物。仔细观察人物双手的姿势，人们可以发现他们之间是有些差别的，唐代叉手礼的行法是两手交于胸前，左手握住右手，右手

拇指上翘。宋代的叉手礼是两手交于胸前,左手握住右手,但右手、左手的拇指都上翘。可见同一种礼仪在不同时期略有不同。

到了南宋,叉手礼的姿势发生细微的变化。南宋时期一个名叫陈元靓的文人编写了一部类似今天日用百科全书性质的书——《事林广记》,书中对当时的叉手礼的行法有详细描述:两手

图2　宋墓壁画中行叉手礼的男侍

交握于胸前,用左手握住右手拇指,左手拇指向上,小指向右手腕,右手四指伸直。

据史书记载和出土实物资料,可知叉手礼是流行于唐末、五代、辽、宋、金、元时期的一种行礼方式。这种行礼方式无论男女老幼都可行使,是地位低者向地位高者行的一种礼,以示尊敬。

了解叉手礼的基本情况后,就容易理解柳宗元的"入郡腰恒折,逢人手尽叉"诗句了。因为参与的改革遭到失败,柳宗元被赶出京城,贬到永州,做了永州司马。在唐代晚期,司马是个品级很低而又没有实权的闲官,所以,官职低下的柳宗元不论走到哪儿都得屈身事人,叉手行礼。

(石红兵)

富弼墓中的守门武士

2008年在洛阳市史家屯发现一座规模巨大、形制特别的墓葬，墓内绘有壁画。由出土墓志可知墓主人是北宋著名宰相富弼及其夫人晏氏。

这幅壁画位于墓室之外的甬道东壁，画面上是一名头戴兜鍪（móu，头盔）、身披铠甲、脚穿战靴、手持利剑的威风凛凛、相貌堂堂的守门武士。

目前，考古发现的北宋壁画墓，墓主人绝大多数是没有官职的乡间富绅，墓葬壁画以表现乡绅的家居生活场面为主，即便是画有守门人，也是普通人或者文人的形象，手中拿的是木杖或骨朵，很少有像这样的顶盔掼甲、手握利剑的武士形象。这与北宋官府在丧葬制度和仪式方面的严格规定有直接关系，即墓主人的身份、地位决定了墓中壁画什么能画、什么不能画。

提起墓主人富弼，许多人都很熟悉。富弼少年时刻苦好学，为人大度，范仲淹称其有"王佐之才"，并将他引荐给当时的宰相王曾、晏殊，深得二人赏识，晏殊把女儿许配给他。富弼一生侍奉北宋仁宗赵祯、英宗赵曙和神宗赵顼三帝，亲历了北宋中期的一系列重大事件，如庆历新政、策定西夏、首定储位、王安石变法等，是北宋政坛上一位声名显赫的风云人物。而让人印象最深的莫过于富弼两次出使契丹，使宋朝免受契丹的侵扰。

宋仁宗庆历二年（公元1042年），契丹乘北宋陷于西北战事之

北宋富弼墓守门武士图

机,趁火打劫,屯兵境上,遣使索取宋朝的领土。富弼临危受命,出使契丹交涉,他据理力争,不卑不亢。经两次出使,反复交涉,终使契丹放弃对宋朝领土的要求,而以宋朝增加岁币结束了这场纠纷。富弼第一次受命出使契丹时,一女儿不幸死亡;第二次出使,一儿子出生,他都无心顾及。在富弼的努力下,大宋和契丹在此后的几十年间,一直和平相处。

富弼作为文臣,在大兵压境的情况下出使敌国,不辱使命,为两国百姓谋得和平,其文弱书生的外表下是一颗刚强坚毅的爱国之心,可谓浑身是胆。壁画中这名飒爽英姿的武士,或许就是富弼出使契丹时的一名护卫呢。

这名武士身高1.6米,身上盔甲及其穿戴、捆扎的方式描绘的细致入微,为人们了解宋代的甲胄制度提供了珍贵资料。

(丁永俊)

宋墓中的妇女启门图

由于时代精神和社会风气的变化,宋墓壁画中很少有隋唐时期墓葬壁画所表现出的那种磅礴大气,取而代之的是雅致细微,甚至是琐碎。其原因是宋代的壁画多出现在富而不贵的乡绅地主的墓中,壁画内容多是描绘富绅日常家居生活的场景,如开芳宴、妇人启门、交租、庖厨、杂剧、花草等。在这些壁画中,最吸引眼球的要数妇女启门图了。

洛阳古代艺术博物馆2号北宋壁画墓中有一幅"妇女启门图",非常优美,观众到此,都忍不住停下脚步,多欣赏一会儿。您瞧,幽暗静谧的墓室中,正对墓门的位置,一扇微微开启的朱漆大门间,站立一名头戴白色团冠,身穿淡青色褙子、下着白色长裙的女子,只见她露出半个身子,想出来却没有出来,那粉面微垂的娇羞,欲出未出的状态,让人心生怜悯的同时,不禁对她的身世和她身后的场景充满疑问和好奇。

宋代的墓葬多为仿木建筑结构。在这座墓中,梁枋、斗栱、藻井、门窗等仿木构件有机地结合在一起,年轻女子倚着微微开启的门,露出半个身子,给人以"犹抱琵琶半遮面"的意犹未尽的感觉,她是在暗示在假门之后还有更多、更大的空间吗?那个空间是什么地方?有什么用?这些问题一直是观众最想知道的问题,但是历史上没有留下任何文字资料来说明这幅图像的意义,所以人们只能发挥个人的想象力了。

2号宋墓妇人启门图

在中国古代,门具有鲜明的社会意义,有分界和通贯的双重作用。门既是家庭与社会的分界,也是二者的接触点与连接枢纽。妇人启门图是不是表现了中国传统文化中妇人治内、不逾阈(yù)而出的内涵呢?在宋代,由于理学兴起,妇女的地位较隋唐而言大为降低,深藏闺中而无法抛头露面,只能倚在门口观望外面的精彩世界。这虽然符合儒家伦理的要求,但对妇女则是无形的枷锁,体现的是她们在家庭和社会中的附庸地位。

妇人启门壁画虽然只是宋代世俗生活的一个瞬间定格,但透过壁画却让人们依稀听到倚门而立的那名妇女无可奈何的叹息。

(郭开红)

宋墓中的开芳宴

北宋时期的墓葬壁画多是反映墓主日常生活的场景，其中以夫妻宴饮图最常见。夫妻宴饮图在宋代有个很好听的名字，叫开芳宴，有表示夫妻恩爱的寓意。洛阳的宋代墓葬中有许多这样的画面，如：北宋宋四郎墓壁画（图1），新安县宋村北宋墓壁画（图2）和新安县梁庄的北宋墓壁画等等。

开芳宴通常是墓主人夫妇端坐在靠背椅上，两人相对坐在桌子的两端或并排坐在桌后，桌上放置酒注酒碗和盛有瓜果食物的杯盘碗盏，周围站立着男女侍从，精致些的画面还会画出屏风、幔帐、脚踏、桌椅帷布等，一派其乐融融、富足安适的温馨幸福景象。

图1　新安县李村北宋宋四郎墓中开芳宴壁画

这些壁画中的人物，特别是画中的主人是不是墓主人的肖像呢？

古人把墓葬当做为逝者建造的永久的家园，自西汉后期开始，就出现了在墓中祭祀逝者的习俗，出现了把墓主人形象绘在墓中

图2　新安县宋村北宋墓中开芳宴

的例子。这种在墓中绘出主人形象的习俗一直延续下来，到宋代更为常见。

宋代之前墓葬中绘出的主人形象是不是肖像，人们不能确定，但宋墓中的一定是墓主人的肖像。原因是：第一，宋代流行"写影"和设置"影堂"。写影就是（给人）画像，影堂就是放置画像的地方。设置影堂源于唐代的寺庙，最初为了祭祀、纪念寺院里的得道高僧，在庙堂中设置高僧画像，以供寺院僧人和世俗信徒缅怀和精神沟通，后来慢慢传播开来，影响到世俗社会。到宋代，普通民众会在家中建影堂来供奉和祭祀祖先。第二，宋代人把墓葬当做纪念逝者的影堂，并在墓室的显著位置上绘出墓主人的画像。不仅如此，为了更好地慰籍逝者，把这个影堂营造的充满"家居"氛围，如仿木构的建筑，满室的彩画装饰，桌椅盘盏的陈设，成群的忙碌着的侍者等。第三，每幅开芳宴壁画中的主人面貌都不一样，男女主人有年轻俊美的，有年老丑陋的，有的甚至十分的丑。中国传统文化中有"为尊者讳"的习惯，如果不是有特殊的法则要遵守，子孙后代怎么可能会把自己的先人画的既老又丑呢？所以，可以确定地说，壁画里出现的主人画像就是按照本人的真实相貌描绘的。

（段跃辉）

宋墓中的杂剧图

新安县李村北宋宋四郎墓杂剧图

戏剧是当今社会大众文化生活的重要组成部分,是一种以表演为主,融合了文学、音乐、舞蹈等元素的综合性艺术。追溯其源头,可以从原始社会反映农牧业生产的歌舞开始。这种艺术形式历经几千年一直延续至今,只是各个时期所叫的名称不一样,比如,春秋战国时叫"俳优",两汉称"百戏",南北朝时曰"拔头""参军",唐代称"参军戏",到了宋金时期改称"杂剧"。当然,各时期的戏剧在表演形式和内容方面存在着一定的差异。古代没有摄影摄像技术,要了解当时戏剧表演的情况有很大的难度。令人高兴的是,现代考古发现了大量的宋金时期与杂剧有关的文物,通过这些文物,再结合文献记载,人们大致可以了解宋代杂剧的基本情况。

洛阳地区发掘了许多宋金时期的墓葬,不少墓葬中装饰有反映墓主人日常生活,如宴饮、交租、庖厨、杂剧、家居环境的画面。表现杂剧演出的雕砖、壁画数量也不少,其中以新安县李村宋四郎壁画墓中的杂剧图壁画最具有代表性。壁画中有五个人物,姿态各异。中间一人是主角,他的装扮和动作都很滑稽,左手放在嘴边,正在打唿哨(吹口哨)。右边有两人,其中一人右手前伸,正在配合主角表演。左边两人,一人手拿拍板,在为表演者伴奏。在杂剧图的斜对面是一幅宴饮图壁画,画中表现的是宋四郎夫妇端坐在放满食物的桌前,在几名侍者的伺候下一边饮酒吃饭一边观看表演的场景。

宋代发达的社会经济和文化,促进了杂剧艺术的繁荣昌盛。

据史书记载,当时无论是官僚贵族还是富裕乡绅家中,每逢节日和日常重要的宴席,都会请来杂剧班子表演助兴。许多大户人家自己家中就供养有乐班以便随时听用;一般的人家在需要时,会临时聘请乐班。杂剧演出分为三段:一,艳段,以歌舞为主;二,正杂剧,即表演一出具有故事情节的正剧;三,杂拌,是末场,通常是一段逗乐的滑稽戏或杂技。在演出过程中,表演者不仅要化妆,使用各种服装、道具,而且还有乐队伴奏。

宋四郎墓中的杂剧图,表现的显然是杂剧中最令人开心的末场戏——杂拌。这令人开心的一瞬间被永恒地定格在宋四郎夫妇面前,让他们在这幽暗寂寞的阴宅中永享人世间的欢乐,同时也深深地沉淀在历史长河中,为今天的人们了解那个遥远年代的社会生活提供了弥足珍贵的资料。

(段跃辉)

宋墓中的牡丹图

"春来谁做韶华主,总领群芳是牡丹"。有着悠久历史传统和丰厚文化底蕴的洛阳牡丹,以其国色天香,雍容华贵的品质而被称为"花王"。有史料记载,洛阳牡丹的人工栽培始于隋,盛于唐,甲天下于北宋。北宋时洛阳人酷爱牡丹,牡丹不仅被广泛种植在房前屋后、大街小巷,还被雕刻在建筑、墓室中或绣在衣物上作装饰,这些雕刻或绘画,从不同角度和侧面描绘了牡丹花的芳姿和神韵。

洛阳古代艺术博物馆陈列的宋金时期的墓葬中,牡丹形象比比皆是、随处可见。

新安县李村2号宋代壁画墓里,有一幅"牡丹侍女图",画面中两名年轻貌美的侍女站立于桌子两侧,桌上摆放着一瓶牡丹插花,花为红色,正值盛开,花朵硕大,分外妖娆,左边的执盏侍女正探头观花,右边的托盘侍女正俯首赏花,这一探一俯,一观一赏,含笑凝视牡丹的瞬间把宋代人对牡丹的喜爱之情淋漓尽致地表现出来。

新安县宋村壁画墓,在小小的墓室中分别以浅浮雕、高浮雕及浮雕与彩绘结合的艺术手法雕绘了三十余幅牡丹图。图中的牡丹有三种样式:折枝牡丹、盆栽牡丹、牡丹花朵,这些牡丹有的以墨线勾勒轮廓后填色,有的采用没骨画法,画面浓淡相宜、对比鲜明,极尽神韵地表现了牡丹的婀娜多姿,是雕刻和绘画艺术的上乘之作,足以说明宋人对牡丹的痴爱。

古人讲究"事死如事生",把象征富贵、吉祥、美好、幸福的牡丹

新安县李村 2 号宋墓牡丹侍女图

图绘制在墓里，表达了后世子孙对墓主人的拳拳孝心和殷殷祝福，同时，这些枝繁叶茂的牡丹图也使地下这个原本充满阴森气息的墓室变得生机盎然、温馨无限。

（郭开红）

源于少数民族的兵器

——骨朵

2010年在宜阳县韩城镇仁厚村北发现一座宋代壁画墓。该墓坐北向南，为竖穴土洞墓，墓室顶部和四壁满绘壁画，其中墓门东侧绘一门吏，保存基本完好。该门吏高0.68米，头戴黑色直脚幞头，身着圆领红色袍服，腰围白色抱肚，其形象栩栩如生，虽着文官袍服却仍显威风凛凛。该门吏所持兵器颇有来历，名曰骨朵。

骨朵本名胍肫（guā zhūn），讹为骨朵（现代人犹称花蕾为花骨朵），是一种用铁或硬木制成的古代兵器，类似长柄锤，一端为长柄，其前端安装上石质或金属的头，形状有圆形、长形、蒜头形、瓜形等多种，是一种复合器具。骨朵与传统的锤相似又有区别。锤的头大柄短，头重柄轻；骨朵则

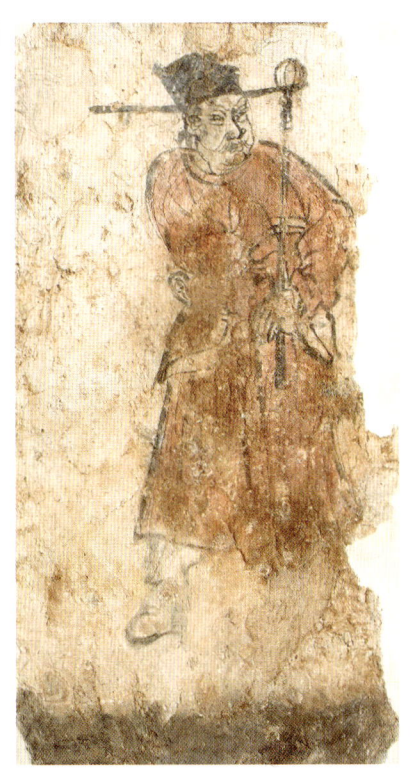

宜阳县仁厚村北宋壁画墓门吏图

头小柄长,头的重量比柄的重量轻。这种兵器凭借重力锤击敌人。习者需要有较大的力量,主要使用技法有涮、曳、挂、砸、盖、撂、云、冲等。因其技法能硬砸、硬架,故有"锤、棍将不可力敌"之说。

  金属头的骨朵是辽代契丹人常备的基本兵器之一。《辽史·兵卫志》记载每名契丹兵自备武器中就有骨朵。在辽代墓葬壁画中,门卫、侍从、仪卫等契丹人手持骨朵者屡见不鲜,但在唐及以前文献和考古遗存中未见真正的骨朵实物和骨朵图像。而"骨朵"一词最早见于北宋仁宗时期编撰的《武经总要·前集》中,并附有骨朵插图。文献记载最早使用骨朵的实例是北宋吴处厚《青箱杂记》记载五代吴国丞徐温之子曾经"在广陵作红漆柄骨朵,选牙队百余人,执以前导,谓之朱蒜"。宋墓壁画和传世画中,亦有骨朵图像。宋代佚名绘画《却座图》即为一例。故可认为,骨朵本为契丹传入内地的新式武器,似锤非锤,似杖非杖,故汉人随形呼之,称之为骨朵。宋以后逐渐由单一的兵器并用为衙署或官员出行的仪仗,俗称金瓜。《宋史·仪卫志二》:"凡皇城司随驾人数,崇政殿祗应亲从四指挥,共二百五十二人,执擎骨朵充禁卫。"《水浒传》第五十九回:"宋江执着骨朵,躬身声喏。"清蒲松龄《聊斋志异·王十》:"惰者辄以骨朵击背股。"至今一些庙宇的仪仗中尚可见到这种器物。

(韩彦刚　吴　迪)

宋金墓中的花枝童子图

在中国几千年的历史长河中,作为人类的未来和希望,儿童受到社会的特别关爱和关注。天真可爱的儿童是历代艺术家都不会忽视的创作题材。由考古材料可知,不少文物特别是宋金时期的文物,如玉器、瓷器、铜镜、绘画、雕砖、纺织品等都有大量表现童子题材的画面。在河南古代壁画馆中陈列了两块彩绘童子雕砖。这两块雕砖出自洛阳一座金代墓葬,砖上各雕一名童子,童子上身穿无袖小褂,下身赤裸地坐在地上,其中一名童子手上架一只鹦鹉,另一名童子手拈一枝花。两童子身形肥胖,面孔稚嫩,神态可爱(图1)。

儿童与花枝是儿童题材画像中常见的一类,这类图中通常有一至二名童子,他们或在花丛中嬉戏,或攀附在花枝

图1 洛阳市史家屯金墓中的童子雕砖

上(图2),或手掌花枝,花枝的种类以牡丹、莲花居多。这类图像统称为"花枝童子"图。花枝童子在不少宋金时期的墓葬中有发现。为什么要把花枝童子画像装饰在墓中呢？它有什么寓意呢？

我们知道,宋金时期流行的仿木结构砖室墓,在建筑形式、结构和装饰等各个方面都是仿造地面上的建筑

图2　洛阳市宋墓中的花枝童子雕砖拓片

建造的。这种墓在墓门口有砖砌的门楼、大门,墓室内有门窗、立柱、斗拱、枋檐,墓壁上还装饰着内容丰富的装饰画。装饰画的内容基本上与地面建筑一样。关于宋代建筑上的装饰图案,我们从北宋人李诫编写的一本叫作《营造法式》的书中可以了解到。这本书中提到一种叫作"化生"的图案,据古建筑学专家梁思成研究考证,化生图指的就是花枝童子图。

化生图源于佛教,在唐代就出现了。化生,又名"花生",意思是这名童子是从花中出生的。化生图含有祈求家族人丁兴旺、多生男孩的吉祥寓意,所以,图中的童子都是男孩形象。

(郭开红)

二十四孝故事之一

孝道,是从人性中揭示、概括、提炼出来的,又返回去指导人们怎样去做人、处世、齐家、治国、平天下的大道。

孝行,是顺应人心、顺因人性、顺从人情、顺依人本之德行。"孝道"作为中国古代重要的伦理思想之一,早在汉魏时期已广为流传,宋金时代盛行,其艺术形式包括画像石、砖雕和壁画等。现在人们见到的宋金时期孝子故事图,一般在4至24组之间,且没有固定的组合,完整的二十四孝尚不多见;孝子图的排序比较混乱,没有一定的规律。

这里给大家介绍的是河南古代壁画馆里收藏的宋金砖雕或彩绘孝子图,表现的是流行于宋金时期的孝子故事,与后世所传的元代郭居敬整理编辑的《二十四孝》的内容有所差异。

舜子象耕

舜子象耕,多为一男子扶犁耕地,前为大象拉犁,上有飞鸟飞翔的场景。

诗曰:队队耕春象,纷纷耕草禽。嗣尧登帝位,孝感动天心。

故事说的是:在遥远的上古时代,有名性情极为和顺的孝子,名叫"舜"。不幸的是,母亲早逝,而父亲瞽瞍(gǔ sǒu)偏又不明道理、不辨是非,总是听信后母的谗言,对舜提些无理的要求,甚至在言语、行为上辱骂、虐待他,后母所生的弟弟"象",同样对舜傲慢无礼,十分不友善。在这样的家庭环境下,若是一般人,早已经灰心丧志、愁眉苦脸,但舜心中没有仇恨,没有怨天尤人,依然孝顺父母,友爱弟弟。他这样宽大的胸襟,以及孝顺的行径,感动了上天,当他在山东的历山耕种时,动物们纷纷跑来帮

舜子象耕(河南古代壁画馆藏)

忙,威武有力的大象帮他耕田,身手敏捷的鸟儿帮他除草,靠着大家的努力合作,把历山开发经营得非常好,因此舜的孝行与名声,流传开来,无人不知,无人不晓。尧帝听说之后,便请舜去管理国家的政事,让自己的九个儿子协助舜处理各项事务,两个女儿娥皇和女英,嫁给舜当妻子,最后还把天下让给他。舜便以"虞"为国号,所以后人皆称其为"虞舜",他的故事因此而万古流芳。

王祥卧冰

王祥卧冰,多为王祥衣挂树枝,裸身卧冰,二鲤跃出的画面。

诗曰:继母人间有,王祥天下无。至今河上水,留得卧冰模。

故事说的是:西晋时期,有个叫王祥的人,心地善良。他幼年时失去了母亲,继母朱氏对他不慈爱,时常在他父亲面前说三道四,搬弄是非,他父亲对他也逐渐冷淡。王祥的继母喜欢吃鲤鱼。有一年冬天,天气很冷,冰冻三尺,王祥为了能得到鲤鱼,赤身卧在冰上。他浑身冻得通红,仍在冰上祷告求鲤鱼。正在他祷告之时,他右边的冰突然开裂。王祥喜出望外,正准备跳入河中捉鱼时,忽从冰缝中跳出两条活蹦乱跳的鲤鱼。王祥高兴极了,就把两条鲤鱼带回

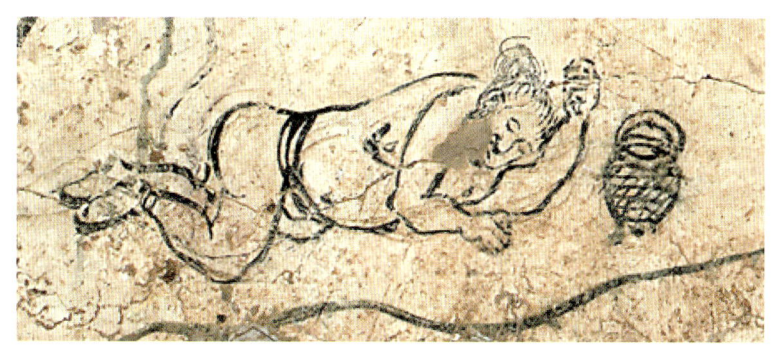

王祥卧冰（河南古代壁画馆藏）

家供奉给继母。他的举动，在十里乡村传为佳话，人们都称赞王祥是人间少有的孝子，后来王祥官至太保。王祥卧冰求鲤的故事就发生在洛阳市新安县，这里有王祥河，有王祥祠堂，还有王祥的后裔。

丁兰刻木

丁兰刻木，多是丁兰与妻向木雕父母（有时只有母亲）躬身祭拜的场景。

诗曰：刻木为父母，形容如在时。寄言诸子侄，各要孝亲帏。

故事说的是：丁兰，相传为东汉时期河内（今河南省沁阳市一带）人，幼年父母双亡，他经常思念父母的养育之恩，于是用木头刻成双亲的雕像，事之如生，凡事均和木像商议，每日三餐敬过双亲后自己

丁兰刻木（河南古代壁画馆藏）

方才食用,出门前一定禀告,回家后一定面见,从不懈怠。久之,其妻对木像便不太恭敬了,竟好奇地用针刺木像的手指,而木像的手指居然有血流出。丁兰回家见木像眼中垂泪,问知实情,就将妻子休掉了。

曹娥哭江

曹娥哭江,多是曹娥披麻戴孝,立于江边掩面号啕,身边江水激荡,水中浮其父亲尸骨或仅一头骨的景象。

曹娥,东汉上虞(今浙江省上虞市)皂湖乡曹家堡人,父亲曹盱(xū),是一名巫祝,据说有几分能"抚节按歌,婆娑乐神"的本事。

东汉汉安帝二年(公元143年)五月的一天,曹盱驾船在舜江中迎接潮神伍君,被溺于江中,数日不见尸体。曹娥当时年仅十四岁,把瓜抛投到江上,以保存她父亲的尸体。曹娥说:父亲如在这里,瓜应该会沉下去。她昼夜沿江哭寻父亲。过了十七天,在五月二十二日这一天她也投了江,五日后抱出父亲的尸体。

此事传到官府,官府官员为表彰曹娥的孝行,为她立碑,并令人作诔颂扬她。她所住的村镇更名为曹娥镇,舜江改为曹娥江,并建曹娥庙,赞扬她的孝心。

曹娥哭江(河南古代壁画馆藏)

(杨 蕊)

二十四孝故事之二

孟宗哭竹

孟宗哭竹(河南古代壁画馆藏)

孟宗哭竹,孟宗跪地哭竹林,新笋破地而生。

诗曰:泪滴朔风寒,萧萧竹数竿。须臾冬笋出,天意报平安。

故事说的是:三国时候,有个人姓孟名宗,字恭武,在他年幼的时候,父亲便去世了。后来母亲年纪大了,又病得很厉害,很想吃竹笋做的羹汤,但是在寒冷的冬天里,不会有竹笋长出来的,所以,孟宗没有办法取得竹笋,心中十分焦急难过,忍不住往竹林间跑去,抱着竹子大声哭泣。或许是他的一番孝心感动了天地,突然间,地裂开了,从地上长出好几茎竹笋。孟宗把这些竹笋带回家去做竹笋汤给母亲吃。母亲吃了新鲜味美的汤后,疾病立刻好了。

董永卖身

董永卖身,画面多为仙女驾祥云辞别的场面。

诗曰:葬父贷孔兄,仙姬陌上逢。织缣偿债主,孝感动苍穹。

董永,汉朝人,因为家境贫穷,父亲去世后,竟然连埋葬父亲的费用都没有,只好卖身为奴,借钱葬父。等到他把父亲葬好后,便依约前去做工偿债。在路途中,巧遇一女子,这名女子要求做董永的妻子,董永答应了,于是两人一起到主人家去做工。主人严苛地命令他们,要织好三百匹的纱罗布料才可以回家。当时尚没有纺织机器,只能用手工在简陋的木架上,一点一点地织出布匹。要织出三百匹,恐怕一辈子也无法完成啊!但是,这名女子竟然一个月就织出了三百匹纱罗。原来,这名女子不是普通人,而是天上的仙女,是上天被董永的孝行感动,特地派她来帮助董永的。偿还债务后,两人便携手回家了,但是,当他们走到初次相遇的槐树下时,这名女子便向董永辞别,一个人离去,返回天庭了。

孙悟元觉

孙悟元觉,多为元觉祖父被弃在山崖或山坡,下立元觉父亲,旁边是手拖肩舆的元觉。

孙元觉,陈留(今河南省开封县)人,从小就颇有孝心。元觉的父亲很

孙悟元觉(河南古代壁画馆藏)

不孝顺,元觉的祖父年纪大了,常常生病,身体又瘦又弱。他的父亲渐生嫌恶之心,把祖父装在盛土的筐子里,用车子载着丢弃到深山里去,由他自生自灭。元觉流着眼泪苦苦劝阻父亲不要这样做,父亲终究不听,把祖父扔到深山里去了,元觉于是仰天大哭后,带着载过祖父的车子回家了。父亲看见车子,变了脸色,对他说:"这是凶物,你带回来干什么?"元觉说:"这是现成做好了的东西,扔掉了多可惜。以后我如果要把您送到深山去,用这个就行了,省得费心再去做。"父亲听了这话,大惊失色,终于醒悟过来。立刻跑到深山里把父亲接了回来,全心全意地侍奉赡养他。那一年,元觉才十五岁。

刘殷哭堇

刘殷哭堇,多为云中立一天神,下有刘殷躬身施礼的景象。

刘殷,字长盛,晋代新兴(今山西省忻县)人,《晋书》《十六国春秋》均有记载。刘殷七岁时丧父,他痛不欲生,服丧三年。他的曾祖母王氏,大冬天想吃堇却不开口说,就这样一个月都没有吃饱。刘殷发现后问曾祖母才知道怎么回事,当时刘殷刚刚九岁,就在沼泽中痛哭着求皇天垂怜。

刘殷哭堇(河南古代壁画馆藏)

这时忽然听到半空有人说:"别哭了。"刘殷停止哭泣,突然看见面前地上长出木堇。于是摘了一斛回家,每天都摘却不见少,一直到来年木堇长出才没有。这一夜中,又梦见一金甲神人对他说:"西边篱笆下有粟米。"醒后挖开,得到十五锺粟米,上面写着"七年粟百石,以赐孝子刘殷",就这样一直吃了七年才吃完。

(杨 蕊)

二十四孝故事之三

杨香打虎

杨香打虎（河南古代壁画馆藏）

杨香打虎,多是一女子骑在虎背上,一个男子作奔跑状的情景。

诗曰:深山逢白额,努力搏腥风。父子俱无恙,脱身馋口中。

故事说的是:晋朝时候,有名女子叫杨香,在她十四岁的时候,就常常跟随父亲杨丰到田里去收割稻子。因为他们的田地靠近山边,十分偏僻,附近经常有老虎出没。有一天,父亲一不留心竟被老虎拖走了,当时杨香身边没有任何武器可以对付老虎,但是她的心里只想着父亲的安危,完全忘了自身的危险,她拼命地往前奔跑,追上老虎,然后奋力一跳,扑上老虎庞大的躯体,两只手紧紧抓住老虎的脖子,杨香虽然年纪小,但孝心激发着强大力量,使得老虎受不了疼痛,张口丢下咬着的人,丧气的逃走了,杨香的父亲得以逃离虎口,免于被吃的噩运。

鲁义姑姊

鲁义姑姊,多为鲁义姑抱一年龄稍大的小孩,身边地上爬着一个较小的孩子,旁立一手执兵器的军卒。

鲁义姑,春秋时期鲁国人。齐国攻打鲁国,鲁义姑带着两个孩子逃亡,见到齐军,赶忙把小的丢下,抱着大的跑。齐兵追问缘由,妇人说:大的是

鲁义姑姊(河南古代壁画馆藏)

兄长的,小的是自己的,救人之子是公义。齐军受到感悟而不再攻打鲁国。鲁国国君听说此事之后,赐给鲁义姑很多布帛,并称其为"义姑姊"。鲁义姑不但以义行救了自己一家,而且保全了鲁国的安全,她的义举意义太大了。

刘明达卖子(河南古代壁画馆藏)

刘明达卖子

刘明达卖子,多为一骑马男子,怀中抱一小儿,马后刘明达妻向前伸臂作呼唤状。

诗曰:明达载母逐农粮,每被孩儿夺剥将。阿耶卖却孩儿

去,贤妻割汝遂身亡。

刘明达家贫无力提供同时供养母亲与孩子的口粮,他见到老母日渐消瘦,无奈之下,就将孩子卖给路过的王将军。刘明达妻子见儿子被卖,连声呼唤,肝肠寸断,自尽而亡。

郭巨埋儿

郭巨埋儿,多为郭巨执锹站立或挖坑偶得金一釜,其妻怀抱小儿立于一侧。

诗曰:郭巨思供亲,埋儿为母存。黄金天所赐,光彩照寒门。

郭巨,字文举,是河内(今河南省温县)人。家里十分贫穷,但他非常孝顺母亲。郭巨有一个儿子,年方两岁。一天,郭巨对妻子说:如今家里这么贫穷,供养母亲的食物已不多,还要分给儿子,这样下去恐怕会害了母亲。儿子可以再有,母亲却不能再有。不如埋了孩子,以保全母亲吧。

妻子不敢违拗,就听从了他。郭巨拿着铁锹,妻子抱着孩子,两人一起走到后园。郭巨挖了一尺深,看到一只釜,里面满是黄金。釜上有铭,写着:"天赐郭巨,官不得取,民不得夺。"郭巨夫妻十分惊讶,上报到县里,县里报到州里,州里又奏到朝廷。天子下诏,把黄金给郭巨供养老母,并表彰郭巨,使他的孝行得以流传万代。

郭巨埋儿(河南古代壁画馆藏)

(杨 蕊)

二十四孝故事之四

鲍山背母

鲍山背母,多为一人背一个竹筐,筐内坐一老妇的场景。

诗曰:负母逃危难,穷途贼犯频。告哀方获免,佣力以供亲。

鲍山,字文芳,是东汉时新丰(今陕西省渭南市)人,天生魁伟,生性至孝。一天,他不在家,一伙强盗把他母亲劫走。鲍山闻讯后,怒发冲冠,抄起一把刀就不顾一切地追下去。沿途杀了十几个贼人,终于追上了劫掠他母亲的强盗,远远看见母亲和邻居老妪被绑在一起。他大吼一声,奋力上前。众贼见他来势凶猛,锐不可当,吓得四散逃命。鲍山顾不上追敌,径直跑上前来,叩头请罪。跪着给母亲和邻居老人解开绑绳,将她们解救回家。后来战乱纷起,他侍奉母亲到南阳避难。贼乱平定,其母思归故乡。可是路上要跋山涉水,抬轿难行,鲍山思虑再三,就编了一个竹筐,请母亲坐在筐中,将她背回家乡。

鲍山背母(河南古代壁画馆藏)

王武子妻

王武子妻割股奉婆,多为一老妇坐椅中,一女子坐地执刀挽腿,正在割肉的情景。

诗曰:武子为国远从征,母病食人肉始轻。新妇闻之方割股,阿家吃了得疾平。

王武子,唐代河阳(今河南省孟州市南)人。在开元年间被征派到湖州,十年没有回来。他的妻子非常孝

王武子妻(河南古代壁画馆藏)

顺,为了维持家用,日夜编织草鞋。王武子的母亲患病日久,非常消瘦,有人说:"如果能得到人肉吃,病自然就好了。"王武子母亲说:"去哪里能得到人肉啊?"王武子的妻子听到后,转身拿刀在自己大腿上割下一块肉,做成肉羹捧给婆母吃。王武子母亲吃了肉羹后,病果然好了。河南尹听到这件事后,奏封王武子母亲为国太夫人,王武子妻封郢郡夫人,编在史册中。

曾母啮指

曾母啮指,画面多为曾母与负柴的曾参。

诗曰:母指才方啮,儿心痛不禁。负薪归未晚,骨肉至情深。

故事说的是:东周时候,有个十分出名的孝子,是孔子的高徒,也是《大学》一书的作者,他就是曾参,字子舆。曾子服侍母亲极为孝顺,有关他孝行的故事很多。有一次,他到山中捡拾柴火,正好此

时有客人来拜访他,母亲十分心焦,就用力地咬自己的手指头。曾子忽然心痛起来,赶忙背起柴火回家,回到家后,恭敬地跪在母亲面前,问道:"发生了什么事?"母亲回答他说:"刚才有客人来找你,我无计可施,便咬手指头,希望我的痛能够让你感觉到,快快回家来。"如果不是曾子平时对母亲孝顺有加,能善体母亲的心意,又如何能够彼此"心灵相通"呢?

睒(shǎn)子鹿乳

睒子鹿乳,多为睒子披鹿皮蹲坐于地上,旁立一手执弓箭的军卒。

诗曰:亲老思鹿乳,身穿褐毛衣。若不高声语,山中带箭归。

故事说的是:在周朝的时候,有个非常孝顺的人,姓睒,后人敬称他为睒子。他的父母年老了,眼睛又不好,常常生病,很想喝鹿乳,滋养身体。睒子为了取得新鲜的鹿乳,就在身上披着鹿皮,假扮成鹿的模样,走到深山中,混在群鹿的中间,以获取鹿乳,回家奉养双亲。不料,有一次当睒子正在挤取鹿乳时,遇到打猎的军人,军人以为他是只鹿,正准备用弓箭射杀、捕捉他,还好睒子赶紧掀掉鹿皮,并大声地把详细的情形告诉他们,才免掉了被射杀的危险。

睒子鹿乳(河南古代壁画馆藏)

(杨 蕊)

二十四孝故事之五

老莱娱亲

老莱娱亲,多为老夫妇二人坐于桌后,桌前地上老莱子以几件玩具做小儿游戏的场景。

诗曰:戏舞学娇痴,春风动彩衣,双亲开口笑,喜气满庭帷。

故事说的是:周朝时,有个人极为孝顺,人们都称他为"老莱子"。老莱子奉养父母尽心尽力,在饮食上总是料理得甘美爽口,在言行上总是想尽办法要使父母愉悦。他虽然已经七十多岁了,但却从不说自己年老,常常穿着各种色彩鲜艳的衣服,手中拿着玩具,装扮成小婴孩的模样在父母身边戏耍玩乐。有时候,又拿水到厅堂上,故意假装跌倒,卧在地面上,做出小婴孩哭哭啼啼的样子,来逗父母开心发笑,让父母每天都过得非常快乐。年纪这么大了,还能这样做,真是不容易,可以说是一个非常体贴的孝子。

陆绩怀橘

陆绩怀橘,多为一人坐在椅中,其前为陆绩躬身施礼的景象。

诗曰:孝悌皆天性,人间六岁儿。袖中怀橘实,遗母报深慈。

故事说的是:东汉末年的时候,有个人姓陆名绩,字公纪。在他六岁时,曾到九江去拜见袁术,袁术拿出橘子来招待他。九江这个地方本身并不出产橘子,必须从其他地方千里迢迢地运来,除了富有的官宦人家,一般人是不容易吃到的。陆绩看到这么多好吃的橘

了,就顺手拿起两个橘子放在衣袖里。等到要回家时,便去向袁术拜辞,表达感谢之意,不料,当他下拜时,衣袖里的橘子滚了出来,掉在地上。袁术就问他说:"陆郎是来作客的,为什么要拿走橘子呢?"陆绩赶忙跪在地上回答:"我的母亲非常喜欢吃橘子,我想带两个回去给母亲。"袁术听了他这番话,心中觉得十分惊奇,因为他只不过是个六岁的小孩童,竟有如此体贴孝敬的心,真是难能可贵啊!

陆绩怀橘(河南古代壁画馆藏)

蔡顺拾椹

蔡顺拾椹,多为一执兵器的武士和一拱手而立的男子,二人中间地上有两个容器。

诗曰:黑椹奉萱帏,饥啼泪满衣。赤眉知孝意,牛米赠君归。

故事说的是:西汉末年,有个人名叫蔡顺,在他年幼时,父亲就不幸过世了,平时和母亲相依为命,侍奉母亲非常孝顺。当时,王莽篡位,天下大乱,年

蔡顺拾椹(河南古代壁画馆藏)

岁饥荒,收成不好,到处都缺乏粮食,蔡顺只好到野外找食物以供养母亲。有一次,他出去捡拾桑椹,遇到了一群把眉毛涂成红色的"赤眉贼",赤眉贼很好奇地问他:"为什么要用两样器具来装桑椹呢?这样不是很麻烦吗?"蔡顺回答他们说:"黑色的桑椹成熟了,比较甜,是给母亲吃的;其他红色的,因为还没有成熟,味道比较酸,是给自己吃的,所以我要分开来装啊!"盗贼怜悯他的一番孝心,受了感动,便送给他三斗白米和一只牛腿,让他回去奉养母亲。

子骞谏父

子骞谏父,多为一儿童拉着一男子似乎在劝说什么,旁有一妇人和两个孩童。

诗曰:闵氏有贤郎,何曾怨后娘。车前留母在,三子免风霜。

故事说的是:孔子的弟子中,除了曾参是有名的孝子外,闵损,也就是闵子骞,也是极为孝顺的一位。他幼年的时候,母亲不幸早逝,父亲娶了继母。继母陆续生了两个孩子,因为闵损不是她亲生的,所以心中不免会产生妒恨、偏私之情。当她为亲生儿子剪裁冬衣时,便用厚厚暖暖的棉花,细心装填缝制,但给闵损的衣服,随便塞一些芦苇花,丝毫也不保暖。有一天父亲叫闵损替他驾车,衣着单薄的闵损手脚都冻僵了,不听使唤,一时不慎,牵车的皮革掉落而钩破了外衣。起初,父亲怒骂闵损做事不认真、不专心,但当他看到闵损的衣服里竟然塞着芦花时,不禁觉得心痛和歉疚。父亲一怒之下,便想将继母休掉,但仁厚的闵损知道后,急忙跪地恳求父亲:"母亲在的时候,只有我一个人受饥寒,若是母亲被休了,我那两个弟弟也都将没人照料了。"继母听了这番话,深感闵损懂事明理,于是痛改前非,将闵损视如己出,疼爱有加。

(杨 蕊)

二十四孝故事之六

赵孝宗舍己救兄

赵孝宗舍己救兄,画面通常是一边为一执剑武士,另一边是两名男子的场景。

赵孝宗舍己救兄(河南古代壁画馆藏)

赵孝宗,沛国蕲(今安徽省宿县)人。王莽时期天下大乱,赵孝宗的哥哥被山贼掳去,赵孝宗知道后,捆绑了自己来到山贼面前,说:"抓我吧,放回我哥哥。"山贼很感动,就把他们弟兄二人都放回去了。

韩伯俞泣杖

韩伯俞泣杖,多为韩伯俞拱手恭立于老母亲面前的场景。诗曰:母今力衰矣,悲啼得杖轻。流风存绘画,犹足感焦生。

韩伯俞,汉代梁州人。生性孝顺,深得母亲欢心。只是母亲对他十分严厉,尽管对他非常疼爱,但是偶尔也会因他做错事而发火,用手杖打他。每当这时,他就会低头躬身等着挨打,不加分辨也不哭。直等母亲打完了,气也渐渐消了,他才和颜悦色地低声向母亲谢罪，母亲也就转怒为喜了。

多年后母亲因故生气，举杖打他，但是由于年高体弱，打在身上一点也不重。伯俞忽然哭了起来，母亲感到十分奇怪，问他："以前打你时，你总是不言声，也未曾哭泣。现在怎么这样难受，难道是因为我打得太疼了吗？"伯愈忙说："不是不是，以前挨打时，虽然感到很疼，但是因为知道您身体康健，我心中庆幸以后母亲疼爱我的日子还很长，可以常承欢膝下。今天母亲打我，一点儿也不觉得疼，足见母亲已筋力衰迈，所以心里悲哀，才情不自禁地哭泣。"韩母听了将手杖扔在地上，长叹一声，无话可说。

诗妻奉姑

诗妻奉姑，多为一或二老妇人坐于桌后，桌上碗中盛鱼，桌前立姜诗夫妇二人，地下泉水中涌出鲤鱼的景象。

诗曰：舍侧甘泉出，朝朝双鲤鱼。子能恒孝母，妇亦孝其姑。

姜诗，东汉四川广汉人，娶庞氏为妻。夫妻孝顺，其家距长江六七里之遥，庞氏常到江边取婆婆喜欢喝的长江水。婆婆爱吃鱼，夫妻就常做鱼给她吃；婆婆不愿意独自吃，他们又请来邻居老婆婆一起吃。一次因风大，庞氏取水晚归，姜诗怀疑她怠慢母亲，将她逐出家门。庞氏寄居在邻居家中，昼夜辛勤纺纱织布，将积蓄所得托邻居送回家中孝敬婆婆。其后，婆婆知道了庞氏被逐之事，令姜诗将其请回。庞氏回家这天，院中忽然喷涌出泉水，口味与长江水相同，每天还有两条鲤鱼跃出。从此，庞氏便用这些供奉婆婆，不必远走江边了。

田真分家

田真分家，多是田真在中间扶树悲叹，两个弟弟站立一旁，兄弟三人见树枯死而感悟痛哭的场景。

故事说的是：西汉的时候，京城有位叫田真的人，兄弟三人分家，别的财产都已分妥，只剩下堂前的一株紫荆树不好处理。夜晚，兄弟三人商量将荆树截为三段，每人分一段。第二天，田真去截树时，发现树已经枯死，十分震惊，就对两个弟弟说："这树本是一条根，听说要把它截成三段就枯死了，人却不如树木，反而要分家。"田真忍不住悲从中来，哭了起来，兄弟三人决定不砍伐这棵紫荆树了。说也奇怪，这棵树一听到田真兄弟说不分割它了，就又活了过来。兄弟三人有所感悟，就把分好的财产又合在一起，再也不分家了。从此兄弟三人和睦、愉快地生活在一起，成为当地人们称道的孝悌人家，田真后来官至太中大夫。

田真分家（河南古代壁画馆藏）

（杨 蕊）

清代五蝠图

祈福、迎福、送福，自古及今是存在于中华各民族人民心中的美好愿望和心理需求。那么，这个颇为抽象的愿望和需求怎么来表现呢？我们充满智慧的先人早就解决了这个问题，即用图画来表现。

古代读书识字的人不多，但图画基本上人人都能看得懂。所以许多常见的物品因为与吉祥词语谐音，就被赋予了吉祥的意思，成了某类吉祥的象征了。如：一枝插在瓶中的牡丹，就表示富贵平安；一柄如意加上几个柿子，就是事事如意；一头大象背上驮个宝瓶，就是太平有象；一只猴子骑在马背上，就是马上封侯，等等，非常多。据此，蝠因与"福""富"谐音，所以蝙蝠很早就受到人们的喜爱，并作为吉祥物用于装饰艺术中。人们在建筑、器物、字画、服装上都能见到蝙蝠的踪影。蝙蝠多样的造型，也是值得我们骄傲的一种创造，中国人用自己丰富的想象和大胆的变形移情手法，把原来并不美好的形象，变得翅卷翔云，风度翩翩，十分逗人喜爱。

在洛阳古代艺术博物馆修复的一幅清代的绘于祠堂中的八仙图壁画中就画有蝙蝠。壁画是表现在中国家喻户晓的道家八仙的，铁李拐右手举着一个葫芦，从葫芦里飞出五只蝙蝠，五只蝙蝠线条优美，色彩各异，上下呼应，动态分明。

中国非常古老的一部经书《尚书》中就有"五福"之说，五福是指：一是长寿，二是富贵，三是康宁，四是好德，五是善终。后来五福

清代八仙图中的蝙蝠

演变成福、禄、寿、喜、财。

蝙蝠与不同的物品相组合,有不同的寓意,人们常见的有:五只蝙蝠围着一个寿桃或寿字,为五福献寿;五只蝙蝠贴在门上,为五福临门;盒中飞出五只蝙蝠,为五福和合;祥云和红色蝙蝠,为天降鸿福;蝙蝠铜钱,为福在眼前;寿桃蝙蝠,为福寿双全;桂树蝙蝠,为福赠贵子;寿星身旁有蝙蝠飞舞,为福星高照。

壁画中的五只蝙蝠从铁李拐的葫芦中飞出,其意更加吉祥了,是仙福齐天。

(薛 峰)

民国时期福禄寿三星壁画

这幅壁画出自洛阳一座祠堂中。壁画由三幅卷轴挂画组成，中间一幅上绘三人，在画的右上角有题款，内容是"福禄寿三星共照，时在壬申冬，仿写九如诗之意"；左右是两幅文字条幅，左边条幅上写"有诗书气生子必贤"，右边条幅上写"得山水情其人多寿"。

据祠堂外的一通石碑记载，祠堂建于乾隆十年（公元1745年）。村民介绍，祠堂经过多次修葺，这幅壁画是最后一次整修时绘制的，但具体绘制的时间说不清楚了。

福禄寿三星壁画

由条幅上的对联和画上的题款，我们可以判断出此画绘制的时间。"有诗书气生子必贤，得山水情其人多寿"，此联由近代人李雨生所作。李雨生，四川射洪县人，生于清末同治七年（公元1868年），卒于民国32年（公元1943年），享年75岁。1868年至1943

年间有两个丁申年,即1872年和1932年。1872年时李雨生年方四岁,不可能写出此联。所以,据此推知这幅壁画的绘制时间是1932年,即民国21年。

画上的福、禄、寿三星,分别是主管幸福吉祥、功名利禄和健康长寿的星官。其中位于中间之人是福星,左边是寿星,右边是禄星。

福星,胸前有三个字,但这三个字被他的长胡须遮掩了,只有最右边的"福"字清晰可识,其余两字看不清。在历史上,木星(又名岁星)、唐代的钟馗和阳城都当过福星。禄星,手中抱个娃娃。禄星又称文曲星,传说商代人比干是第一位禄星,后来唐代的张亚子、五代的张仙、后蜀皇帝孟昶(chǎng)都当过禄星。寿星,左手拄着龙头拐杖,右手拿一个寿桃,他是中国神话中的长寿之神,形象特别,最容易识别。

画上题款提到的"九如诗",是指《诗经》中的一首名叫《天保》的诗,这是一首臣子祝福国家、国君的诗,因为诗中连用九个"如"字祝颂,所以又称九如诗,或天保九如。九如,即如山、如阜、如冈、如陵、如川之方至、如月之恒、如日之升、如南山之寿、如松柏之茂。从诗意可知,这是一首全面的祝颂诗,祝颂内容包括:祝福国家强大、经济繁荣,祝福国民生活富足、幸福安康,祝福国君福寿绵长。这首诗比喻巧妙得当,用词夸张而又恰到好处,深受人们喜爱,由此诗生出的"天保九如"一词成为后世人们献福祝寿时经常引用的经典语句。

福禄寿三星是最受中国人崇敬和欢迎的神明。三星共照图是中国人过去家中正堂和祠堂里常挂的画,有儿孙满堂、增财添禄、安康长寿的吉祥寓意。

(徐婵菲)

下篇 保护篇

古代壁画的制作工艺

中国古代壁画,是一种独特的绘画形式,是中华民族文化遗产的重要组成部分。古代壁画主要包括建筑壁画、石窟寺壁画、墓葬壁画三类。一般来讲,不管哪类壁画,通常都由三部分组成,即支撑体、地仗层、颜料层。支撑体,是指壁画附着的基础,一般有岩石、木板、砖、土墙等。地仗层,指绘制壁画的泥层、白灰层,也称为"地仗"。颜料层,也称绘画层,指由各种颜料绘制而成的壁画画面层。

壁画的制作工艺,自汉魏以来一直沿用,直到明清变化都不大,只是因地制宜,在选料上有所差异。

宋代建筑家李诚的《营造法式》中有关于壁画制作的规定:用作画画的墙壁,先用较粗的泥在墙上敷一层,待其稍干后,再用较细的竹蔑和泥一起再敷一层并用泥抹抹平,然后再用细泥再敷一层做底,并在上面撒些细沙,待墙面水分稍干后,用工具反复压十遍,使墙壁平整光滑。

古寺观壁画的墙体多采用砖坯墙,在坯砖缝中,每间隔50厘米钉木橛,将麻缠绕其上,麻和抹在墙面的泥土相粘连,使其更加牢固。在经过打底的墙面上先抹一层加入麻刀的粗泥,这层泥主要为了使地仗层平整,但表面不需要太光滑,第二层上细泥,细泥由黏土加细沙和麻刀组成,抹在粗泥之上,厚约0.4厘米,这一层应尽量使其平整均匀。在打底灰浆未干时刷白垩土浆,其后再刷一至二遍胶矾水,待干透作画。

墓葬壁画可分为有地仗壁画和无地仗壁画。有地仗层壁画是指在墓壁上先抹一层麦草泥,然后再抹一层白灰,麦草泥和白灰就构成了地仗层。壁画是绘制在白灰上面的,实际上这里的白灰层也兼作壁画的底色。无地仗层壁画,是指在平整的墓壁上直接绘制的壁画。

石窟壁画的制作工艺一般分为两种:一种是在凿出的石窟粗糙面上抹一层草拌泥,压实,磨平,然后在泥壁面上刷一层带胶的白浆,最后再进行作画。大多数的石窟壁画采用这种形式。还有一种是直接在开凿的岩体面上刷白浆,然后绘画。

由壁画的制作材料和工艺可知,壁画和其他文物相比具有特殊性,是一种非常脆弱的文物。

(余黎星)

中国古代绘画颜料

颜料是美术绘画的物质基础和重要组成部分,颜料决定色彩,色彩决定作品的质量与效果。中国古代绘画颜料史有两千多年,大体可分为矿物质颜料、植物质颜料、金属颜料,它们各自在绘画中所起的作用和所表现出来的效果不尽相同。

矿物质颜料,即为天然矿石采集之后,经粉碎、研磨、漂洗、胶液悬浮、水飞等一系列的加工之后制成的颜料,也称"石色",其质优、纯净、明亮、耐久的特性决非其他颜料可相比拟。因其在自然界中经数万年或更长时间演化形成,所以色质较为稳定,历久不变,而且色相纯美,加之它多为结晶体矿石所制,结晶体的光泽增加了色彩的明度,色彩发光效果好,覆盖力极强,不易变色。天然矿物质颜料主要有朱砂和朱膘、赭石(土朱)和代赭、石青、石绿、白垩、蛤粉(蜃灰)、铅粉、黄金石、黑石脂、云母、珊瑚、玉、玛瑙、绿松石、水晶和其他宝石类颜料等。

植物质颜料,主要原料是从植物的根、茎、叶中提取的汁液,主要调和媒介是水,因而又称为"水色"。其特点是质地透明,使用方法简单方便,容易染匀,适合层层渲染。中国画自古以来便将石色和水色互相结合起来使用,以达到画面浓淡相间、虚实相生的丰富效果。植物质颜料主要有藤黄、花青、胭脂、墨、西洋红、槐花、生栀子、红狐色、红兰花、茜草、紫草茸、通灰草等。

金属颜料,主要指的是金色和银色,由纯金、纯银制成,价格昂贵，但它们的华丽效果又是其他颜料所不能替代的，所以流传至今仍在用作绘画的颜料。中国画家在使用金属颜料方面有着悠久的历史，有明确文字记载的是唐朝。但金属颜料在一般的中国画中用量较少，大部分是用于寺庙道观壁画及建筑彩画上，也用于屏风、卷轴画、通景屏、藏画（唐卡）、幡画上，多为装饰性较强的作品，金银色的使用使它们的画面增色不少。

（吴小苗）

墓葬壁画的揭取

壁画是指依附在建筑物墙壁上的绘画。中国壁画的绘制始于先秦，主要存在于宫廷、官衙、寺观、石窟、墓葬中。原则上，壁画最理想的保存方式是原址保护，但是当建筑物在结构上出现危险，而且已经威胁到壁画的安全，或者环境恶劣人工难以改变，或者在城市基本建设中不得已的情况下，将壁画揭取下来保存是保证壁画安全、延长壁画寿命最有效的方法之一。目前洛阳地区现存的古代壁画，绝大多数为揭取保存的壁画。

壁画的揭取早在19世纪前后就有人做了。那时的揭取并不是出于保护的目的，而是某个探险家、传教士对壁画的个人占有或对金钱的需求，至今在许多国家的博物馆中，还保存着我国不同时期的精美壁画。

在现代保护技术中，墓葬壁画的揭取有多种形式：一是整体搬迁，将绘有壁画的墓葬整体加固搬迁；二是"整体揭取"，即通过切割墙壁，把绘有壁画的墙体部分或整体移走；三是只将地仗层（泥层或灰层）和绘画层揭取；四是只揭取颜料层。第一、二种方法较为复杂，工程量大，但是相应的它能最大程度的保存壁画原有的结构特性和艺术价值。第四种方法对壁画损害最大，一般不用，它只是在特定条件下的一种抢救措施。

壁画揭取前，必须采用科学仪器及科学的分析方法对墓葬及壁画的保存环境、分布和保存状况等进行拍照、监测、记录、分析，详细了解壁画的结构、性质、病害及残损状况等，以制订出科学、规范的揭取保护方案。

具体揭取时，首先要进行画面清理、加固，然后按照画面内容确定分割揭取线，并对不同部分进行编号，再刷涂可溶性胶将棉布等粘贴在画面上，以保护壁画在揭取过程中的整体性以及揭取后在运输过程中的安全性；最后用手锯、平铲等工具把壁画与支撑体分离开，放置在特制的夹板中固定，然后运至修复地。

（戚雪娟）

墓葬壁画的修复

在地下埋藏了成百上千年的古代墓葬壁画,由于受到自然和人为因素的破坏,如降水、地震、动物、植物(根系)的损害和人为的扰动等,使得壁画画面出现裂隙、缺失、错位、脱落、粉化、褪色、泥渍、矿物质结垢覆盖等病害。所以,壁画揭取后需进行必要的修复,尽量将其本来的面貌展现给观众。

保护修复过程主要包括壁画背部清理加固、正面清理加固和粘接、残损部位可识别性补全补绘、画面封护等四个环节。

一、壁画背部清理加固

1. 壁画地仗的减薄:去除壁画揭取时连带的泥土、砖块和壁画地仗层中松散不稳定的部分,以减轻壁画的重量,并为后期制作新地仗、提高牢固度做准备。

2. 选择、确定加固材料:通过试验,筛选并确定适当的背面加固材料。

3. 壁画地仗层的加固:根据不同材质的壁画地仗,配制不同比例的加固剂溶液,采用喷洒、滴注、涂刷等不同方法,对壁画的地仗进行加固。

4. 待壁画地仗层加固完成并干燥后,视其所保留的壁画地仗厚度,采用与原地仗相同或相近的材料,在壁画背面涂抹制作一层新的隔离层。

5. 粘接新支撑体:待背面加固层干燥后,用粘接砂浆将壁画粘接在新支撑体上。

二、壁画正面处理加固

1. 将壁画翻转至正面，采用热敷法，剥离去除揭取壁画时贴覆的宣纸和纱布，并蘸除残留的胶液。

2. 先选择几处具有典型病变的区域做清理实验，选择恰当的方法和清理剂对壁画进行全面清理。

3. 针对壁画不同的病害，使用不同的修复工具与清洁剂，去除画面上的灰尘、泥渍、钙化物等污染物。

三、残损部位可识别性补全补绘

1. 补全：用加固剂——填补砂浆填充壁画的缺失部分，同时对画面错位部分等进行复位和拼对。

2. 补绘：根据壁画揭取前的原始照片和记录及绘画内容、颜色、线条走向等，对壁画画面缺失填补部位进行适当补绘、做旧。补绘只能在填补部分进行，不能在原壁画上进行补色。补绘要遵循可辨识性原则，即补绘部分与原壁画远看为一体，近看有区别，以提高壁画的观赏效果。

四、画面封护

用化学药品均匀地喷洒在壁画表面，形成隔绝空气的保护膜。

（戚雪娟）

古代墓葬壁画病害种类

墓葬壁画是一次性使用且被埋入地下的,在制作及工艺上受到限制,与其他文物相比本身更脆弱;再加上千百年来地下高湿环境的浸蚀、墓葬封闭时夯打填土、历史上的屡次盗掘、发掘后环境的变化及动植物活动等因素使壁画产生裂隙、空鼓、污染、酥碱、粉化、褪色、霉变等一系列病害。这里对古代墓葬壁画的病害做一简单的介绍:

起甲:壁画的底色层或颜料层发生龟裂,进而呈鳞片状卷翘。

粉化:壁画颜料层由于胶结力丧失,呈颗粒状脱落的现象。

颜料层脱落:颜料层脱离底色层(依附层)或地仗层。

疱疹:可溶盐在地仗层和颜料层间富集,并推顶颜料层呈疱状突起,严重时可产生颜料层脱落的现象。

裂隙:因地震、卸荷、不均匀沉降等因素的影响,使支撑体失稳,致使壁画地仗开裂或错位、相互叠压;或因为壁画地仗层自身的变化而产生缝隙、错位、相互叠压的现象。

划痕:外力刻划使壁画画面受到损害。

涂写:壁画表面上人为书写或刻画。

烟熏:壁画被烟火熏污的痕迹。

盐霜:盐分在壁画表面富集形成的结晶,俗称"白霜"。

酥碱:壁画地仗中的可溶盐,随环境湿度变化而溶解、结晶,所产生的膨胀、收缩反复作用使壁画地仗结构破坏而产生的疏松状态。

空鼓:壁画地仗层局部脱离支撑体,但脱离部分的周边仍与支撑体连接的现象。

地仗脱落:壁画地仗层脱离支撑体而掉落。

褪色:壁画颜料的色度降低,由鲜明变暗淡,由深变浅。

变色:壁画颜料色相的改变。

水渍:水侵蚀在壁画表面留下的沉积物或痕迹。

泥渍:泥浆在壁画上留下的痕迹。

植物损害：植物根系等进入壁画结构体内而对壁画造成的破坏。

微生物损害:微生物的滋生对壁画表面产生的伤害。包括"霉害""霉变"等。

（杜灵芝　梁晶晶）

壁画上钙质结垢物的去除

观众在河南古代壁画馆看到的是一幅幅精美、清晰的壁画,可是这些壁画在修复之前是什么样子,您能想象吗?在保护修复前,许多壁画表面被一层坚硬的钙质结垢物覆盖着,上面的图案基本上看不清。那么,壁画上怎么会有这种钙质结垢物呢?

图1 唐代安国相王孺人唐氏墓青龙壁画清理前

图2 唐代安国相王孺人唐氏墓青龙壁画清理后

墓葬壁画在丧葬仪式结束后就被封闭起来了,其中位于墓道上的壁画直接被夯实的填土封盖，甬道、墓室里的壁画随着水和泥土的渗入，逐渐被封盖。几百年、上千年之后，泥土就会附着在壁画表面，形成不溶于水的钙质结垢物，也就是人们常说的料礓石。

这种附着在壁画表面的结垢物原本很坚硬，经过壁画揭取时干燥环节的高温烘烤，变得愈发坚硬，给人们的后期清理工作带来常人难以想象的难度。质地坚硬的结垢物在质地松软的壁画上，用力大会伤及壁画，用力小又难以去除。所以，在去除结垢物时，要先加固壁画层，然后用软化剂润湿结垢物，再用手术刀小心的、一点一点、一遍一遍地清理，如此反反复复……当清到壁画层时，更要小心翼翼，如履薄冰，不敢有丝毫的松懈，稍不留神，就会损伤壁画，造成难以挽回的损失。清理壁画可以说比绣花还要仔细，还要慢，一个人一天只能清出巴掌那么大一片，锋利的手术刀片，用不了多久就钝了，一幅壁画清理出来，用过的手术刀片能装满容量是400毫升的烧杯。

那幅著名的胡人牵骆驼壁画，仅清理画面，七个人整整工作了四个月，可见这个工作量有多大。清理钙质结垢物，我们经常戏称为在啃"硬骨头"。如图1、图2是一组画面清理前后对比图，从图中可以看到，清理前看不出是什么图案，清理后，一条踏在祥云之上的龙爪跃然而出。

看着一幅幅原本面目不清的壁画经过我们辛勤的工作而重现风采时，我们的快乐、欣喜和自豪是难以言表的，希望大家和我们一起分享这种快乐与幸福。

（丁永俊）

壁画表面霉斑的清理

霉变是古代壁画保护过程中常见的一种病害。霉变产生的原因与壁画的制作工艺和所处的环境有直接关系。

为了使壁画结实、耐久，古人在制作壁画时会加入一些有助于增加壁画强度和颜色固着力的有机材料，比如，在地仗层中加入麦草、麻刀等纤维材料，在颜料层中加入动、植物胶等，这些有机材料天长日久后会变成滋生微生物的营养物质，为存在于土壤中、空气中的霉菌提供繁殖生长的条件。此外，壁画在揭取过程中要使用大量的桃胶、宣纸和纱布，这些材料如果处理不及时，在适合霉菌繁殖的环境中存放一段时间后，也会导致霉变产生。

霉变对壁画造成的危害是巨大的，概括来说主要有三方面：第一，污染画面，影响壁画美观；第二，霉变生长时产生的代谢物使壁画颜料变色，这种变色是无法恢复的；第三，霉变的菌丝体能够深入到壁画内部，破坏壁画内部结构，造成壁画酥解、空鼓以致脱落。

清洗、去除古代壁画上的霉斑是一项复杂的工作。大致要经过以下几个步骤：

1. 确定霉变的种类。

提取霉变的样本，化验分析以确定霉变的种类。

2. 筛选清洗剂。

现在科技发达，化学合成材料多样，对付一种霉菌会有很多种清洗剂，但是，要清除的是生长在质地脆弱而且不可再生的古代壁画上的霉斑，所以，对清洗剂的选择条件苛刻。选择清洗剂的唯一标准是不能对壁画有任何损害，即不能腐蚀壁画，不能改变壁画颜色。因此，在确定清洗剂时要先做试验。

3. 用选好的清洗剂去除霉斑。

去除方法是：先用吸尘器轻轻吸去附在壁画表面的大部分霉菌，再用软毛刷蘸取清洗剂轻轻刷去剩余霉斑。反复清洗后，立即在其上覆贴两层棉纸以虹吸原理，将表面的污物和色素吸附在纸中。对较顽固的霉斑，要用脱脂棉蘸取清洗剂滚动擦拭，然后用纸巾吸附，最后用蒸馏水清洗，自然风干。

霉斑清洗工作不仅要十分的精心、细致，而且要讲究方法、方式，应尽量避免对壁画造成新的污染。

4. 防霉处理。

画面清洗完成后，喷洒防霉剂以防止霉变再次发生。

（余黎星）

壁画修复工艺中的重要环节

——拼图

很多人都玩过拼图游戏，就是把若干块碎片拼成一幅完整的图案。拼图，在壁画修复过程中经常遇到，只是不像人们玩拼图游戏那么容易、有趣，也没有完整的图纸可以参考。

许多壁画在刚绘制好时是完整的，但随着时间的推移，在自然和人为因素的破坏下，会出现脱落、碎裂、起甲、空鼓等病变，而埋藏于地下的墓葬壁画，各种病变更为严重，会出现较多的碎裂、叠压、错位，使人们看不到完整的画面。为了让画面相对完整，就需要进行拼对工作。

拼对，是壁画修复工艺中一个非常重要的环节。

这幅唐代壁画（图1）中的马尾部分就存在着严重的碎裂、错位、缺失等病变，画面高低不平，需要进行拼对。

由于马尾线条复杂，颜色变化深浅不一，碎裂严重，错位处较多，我们将马臀和马尾处较复杂的部分分为三段，依次进行拼对。

首先拍摄修复前壁画碎裂、错位现状资料，绘出病变线描图，然后在每一块小碎块上贴上标签，标上数字，拍摄照片（拼对时作为参考），然后一一取出碎块，按序放置在纸上，清理取过碎块处的砂浆层，准备拼对。拼对前，先将小碎块背面清理干净，根据线条走向和碎块的色彩变化进行预拼对，确认位置正确后，在壁画取过碎块处填上表面填补材料（一种由白灰膏和沙子、石粉等材料配制而

图1　拼对前的壁画　　　　　图2　拼对后的壁画

成的物质），再将碎块逐一回贴。由于存在缺失现象，造成线条不连贯，碎块之间关系具有不确定性，遇到碎块位置不能确定时，查看碎块取出前所拍的照片和病变图，反复进行拼对，直至位置正确时才回贴碎块。拼对时不仅要根据碎块的形状、颜色以及线条的走向，还要依据壁画的坡度随坡就势进行拼对。碎片具有脆弱性和易碎性，碎片边缘的棱角容易磨损，呈圆形，拼对时无法使碎片之间严丝合缝。所以，拼对完后，注意缝隙的填补，清理溢出的砂浆，并拍摄照片，留取资料。然后进行下一段的拼对，直至马臀和马尾基本完整。

拼对后的壁画画面平整，马尾线条流畅，色彩变化有条不紊（图2）。

（丁永俊）

壁画的补色方法

——影线法

参观河南古代壁画馆时,细心的观众一定会发现在许多壁画的表面,有一片片大小不等的一条条排列密集的竖线,但一旦你远离壁画,这些线条又看不见了,这是怎么回事呢?

古代壁画因受自然或人为因素的破坏,天长日久或多或少都会出现残缺的现象。这种不完整的壁画,会影响整幅壁画的美观,也会给观赏者带来不便。所以在对壁画进行修复保护时,通常会把残缺的部分"补"出来。修补一般分两步:第一步是补缺,即用与壁画材质相同或相近的材料填补空缺部分(图1);第二步是补色,在新填补的部位涂画上与周围壁画色彩一致的颜色。

许多人认为对壁画进行后期补色不合适,是以假乱真。那是对补色不了解。

文物保护工作有许多原则要遵循,其中的一条原则是可辨识性原则。可辨识性原则,要求凡是后来添加的部分一定要与原文物能够区别开来。补色也有规则,规则一是能够确定缺失部分的颜色和线条走向的才能补上,不确定的或无根据的就不允许补;规则二是封闭型的缺块可以补色,开放型的不允许补。

细心观众在壁画上看到的密集的线条,就是为了遵循可辨识性原则而运用的多种补色技法中的影线法画出的。影线法有两种,单色影线法和三色影线法。单色影线法又分为垂直影线法和错位

图1 补缺

图2 补色

影线法。在河南古代壁画馆看到的影线法就是垂直影线法,这种方法对补色人员的技术是一种考验,壁画上所补的影线,不论长短,都要求一笔绘成,而且要排列均匀整齐,同时为了与周边壁画色调一致,需要先浅后深多遍上色(图2)。

(薛 峰)

古代壁画的起稿线

在古代壁画保护修复时,只要留心,不断会有新发现。这些发现会为人们解开不少疑问,比如,看到古代壁画绘制得这么好,人物、动物比例恰当,线条流畅,有人就认为是画家水平高,所画之物早已成竹在胸,到现场后,大笔一挥,顷刻之间一幅壁画就大功告成了。我们的发现就说明,情况并不是那么简单的。

图1是出自唐代安国相王孺人崔氏墓中的壁画,您注意到马的前蹄下方有个淡淡的、赭色马蹄状的痕迹了吗?这个痕迹应该是古人绘画时留下的起稿线。可能是这匹马绘好之后发现不合适,又把它抹掉了,但没有抹干净。通过这个特殊的痕迹,我们知道古人在绘制壁画时,有时也要打底稿,发现不合适时会进行

图1 唐代安国相王孺人崔氏墓壁画

修正。仔细观察痕迹,发现这个起稿线不是用毛笔之类的软笔绘出的,也不是用木枝之类的硬笔绘制的,而是用一种含胶质的、类似现在的粉笔画出的。由于笔的硬度小于壁面,所以留下的颜料略高于画面。

无独有偶,我们在修复其他的壁画中也有类似的发现。

图2　洛阳市宜阳县宋墓壁画

图2是出自洛阳市宜阳县宋墓中的壁画,壁画上的起稿线更清晰。这个起稿线是木签或竹签画的,无色,但在画面上了留下了浅浅的、清晰而均匀的凹线。我们推测,画工是在白灰层没有完全干燥变硬前先用木签或竹签画出草图,发现没有问题后,再用毛笔描下来。在描绘时,墨线并没有与起稿线完全重合,二者或交叉,或覆盖,或互不相干,共同留在画面上。

(丁永俊)

壁画的修复档案

　　古代壁画是人类遗存下来的具有历史、艺术、科研价值的宝贵遗产,是研究古代社会生活和绘画发展史的重要实物资料。但是由于自然和人为的原因,能保存下来的壁画只是其中极少的一部分,所以这些壁画显得尤其珍贵。而这些幸存下来的壁画会不同程度的存在一些问题,如因保存环境和壁画自身的结构、材料问题而引起壁画的酥碱、碎裂、污染、起甲、变色、褪色等病变。要使这些艺术瑰宝尽可能长久地保存下去,必须对它们进行修复保护。而修复保护会因时代、理念、材料、方式的不同而发生变化,时下认为是科学的方法随着时过境迁可能会是对壁画新的破坏。因此,对修复保护的每一幅壁画,建立完备的档案是非常必要。这些档案就像病人的病历一样,是后人对壁画进行再保护时必不可少的参考资料。

　　建立壁画修复档案是每名文保工作者的基本职责和重要工作。从计划保护这块壁画时,建档工作就开始了,档案资料通常包括壁画的基本信息、原始状况、现存状况、修复人员和日期、修复过程中使用的材料、修复方法、修复效果、存在问题等,每个步骤都需要翔实准确地记录下来。壁画修复档案的记录手段有文字、绘图、临摹、摄影摄像等。

　　文字记录是建档工作中最基础的手段,是其他几种手段不可替代的。绘图,主要是绘制壁画病变图,壁画上的病害是复合型的,具有多样性和重叠性,一幅壁画可能需要绘制几幅甚至十几幅病害图。临摹和绘图样,是壁画修复档案中的重要内容。摄影、摄像技术的提高和普及为档案工作提供强大的支持和便利,照相机、摄像机、电脑是建档工作中不可或缺的设备。尤其是摄像记录,能方便、快捷、精准的保留保护过程中的影像和细节。工作过程中,拍照一直贯穿始终,拍摄壁画全貌、细部,拍摄一个个的修复程序,直到修复完成。被修复壁画的变化过程,通过一张张照片能够清楚的反映出来。

(黄 静)

壁画修复中的病害图绘制

用科学的方法把因自然、历史、人为等各种因素对壁画造成的损害进行修复是壁画保护工作的目的和意义所在。在壁画修复之前和修复过程中，我们会为壁画建立修复档案，其中绘制壁画病害图是修复档案的重要内容。病害图通常是用来记录和保存壁画修复前的原始面貌，以便日后快速寻找病害位置、大小，进行对比、观察、研究，可以更快更准确的解决问题。

病害图绘制，分为手绘和电脑CAD绘制两种。

手绘时，首先裁好一块略大于壁画的PP透明绘图纸，平铺在壁画上，赶出塑料透明纸与壁画中间的空气，以减少误差。平整后用胶带固定四周，以避免绘图时透明绘图纸移动。然后工作人员用油性笔绘制。病害不同，标记的符号不同，国家颁布有专门的病害标记图例。绘制完成后，在病害图下方标记出壁画的名称、绘制时间、人员、地点、病害图例、比例尺等。然后进行扫描，存入电脑。

电脑CAD是一种二维绘图软件，工作人员可以通过电脑绘制病害图，建立档案。绘制时首先需要摄影，选取一张不变形的、正面的壁画照片，传到CAD软件的桌面上，接着把壁画上所有病害分别建立不同的图层，分成不同的颜色（以便更好地辨别区分病害），然后沿着病害边缘绘制病害范围，按规定比例填充代表病害的符号，每种病害依次绘制完成，保存起来。

绘图纸绘制病害图和CAD病害图各有优劣，互相补充。绘图纸绘制速度快，误差小，一幅1:1的图纸病害图观看时直观、方便，存档后是一个很好的档案资料，扫描存入电脑，可放大、缩小、裁剪，查找方便。CAD病害图的各种病害可分层单独显示，在计算病害面积和查用时更加形象，唯一不足是对原始壁画照片要求高，照片稍有变形，最终的信息和数据就会出现很大的误差。

（咸　图）

洋为中用

——文化视角下的壁画修复工具

壁画保护中心的修复师们从工具到衣着都与西医外科大夫相似,工作状态比较像医生做手术,所不同的是诊治对象。

壁画修复工作中最常使用的西医外科工具有手术刀、镊子、棉签、注射器、手术剪,还有培养皿、烧杯、滴瓶、洗耳球等。

手术刀又称作柳叶刀,有多种型号,在修复工艺流程中被"壁画医生们"广泛使用,主要用于清理壁画表面和背面的泥垢以及多余的修复材料。镊子常用于夹持壁画碎片和各类修复材料。棉签常用于粘除壁画表面的泥垢、灰尘和修复材料中的桃胶以及化学胶黏剂。一些注射器常用于向壁画缝隙中注入胶黏剂,有时也用于量取和滴加胶液。手术剪常用于剪开修复流程中多余的背部加固纱布、保护塑料布以及描绘壁画病害图的绘图纸。培养皿则常用于分类放置脱落的壁画碎片。烧杯常用于盛放和配制各类液体以及临时盛放废弃物。滴瓶常用于在清除多余修复材料时滴加化学试剂。

其他的西医工具如洗耳球、压舌板、洗瓶、锥形瓶等使用较少,这里就不再一一列举。

修复壁画的常用工具除了来自西医外,还有的借鉴自绘画,装潢等行业。

这些工具中,最具东方渊源的就是毛笔。在修复壁画的细微部位,清理尘土,点蘸液体,以及进行表面补绘时毛笔都会用到。与之相呼应的西方绘画工具是油画刷和油画刀。油画刷常用于壁画表面的灰尘清理蘸刷液体和进行表面补绘。油画刀常用于在壁画空缺处填补修复材料和将填补的表面修整平整。

装潢业使用的打磨机和砂纸常用于打磨壁画背板。小型打磨机则用于清理壁画背面硬块和多余的修复材料。吸尘器在清理壁画背面细微沙粒时常会用到。泥抹、批灰刀、毛刷在制作壁画背面砂浆层时经常使用。这些工具的选取和使用方法大多承袭自西方的壁画修复师，他们为抢救东方国宝做出了真诚无私的奉献。

与异国技术相和谐的是充满灵秀气息的东方壁画和修复师们。"壁画医生"在传统道德精神的基础上，灵活地运用着各种工具，他们以精湛的技艺令历经沧桑、残破斑驳的壁画恢复本有的古朴雄浑与玄妙神韵。

虽然目前看来，多数壁画修复工具都有着明显的西方色彩，不过在中华文化逐渐回归的时代背景下，相信在不久以后从修复工具到修复思想将逐渐流露出更多的中国味道。

（杨超鹏）

后 记

　　河南古代壁画馆于2011年11月8日开馆。壁画馆在建设过程中，为宣传馆藏壁画，扩大壁画馆影响，我们在《洛阳日报》以"壁画背后的故事"为主题，刊发了20余篇介绍壁画的文章，这些通俗易懂、雅俗共赏的短文引起读者极大的兴趣。

　　河南古代壁画馆开馆后，为使观众更加深入、详细地了解古代壁画的内容、功能、历史价值和揭取保护等方面的知识，我们在报纸原来发表的文章的基础上，增加内容和图片，编写了这本以大众为阅读对象的《河南古代壁画馆壁画品鉴》，以期对前来参观河南古代壁画馆的观众起到一定的指导作用。

　　为本书撰稿的除本馆业务人员外，还特邀几位外单位的研究人员，如天津美术学院美术史论系的姜彦文和北京大学汉画研究所的徐呈瑞等。姜彦文的几篇文章从美术史的角度分析、介绍了洛阳汉墓壁画的艺术特征和成就，弥补了本书在艺术史研究上的不足。还有幸请到洛阳市文物管理局的前任局长郭引强先生为本书写序。他们的加入使本书大为增色，在此，谨向他们表达我们深深的谢意。

编者

2014年7月

图书在版编目（CIP）数据

河南古代壁画馆壁画品鉴/洛阳古代艺术博物馆，河南古代壁画馆编. -- 郑州：中州古籍出版社，2014.7
ISBN 978-7-5348-4838-4

Ⅰ.①河… Ⅱ.①洛… ②河… Ⅲ.①壁画 – 品鉴—河南省—古代 Ⅳ.①K879.414

中国版本图书馆CIP数据核字(2014)第142313号

出版　社：中州古籍出版社
（地址：郑州市经五路66号　　邮政编码：450002）
发行单位：新华书店
承印单位：洛阳雅森包装印刷有限公司
开　　本：787mm×1092mm　1/32
印　　张：5.375
字　　数：100千字
印　　数：1-2000册
版　　次：2014年7月第1版
印　　次：2014年7月第1次印刷

定价：52.00元
本书如有印装质量问题，由承印厂负责调换。